그래도
여전히

다시
일어서기

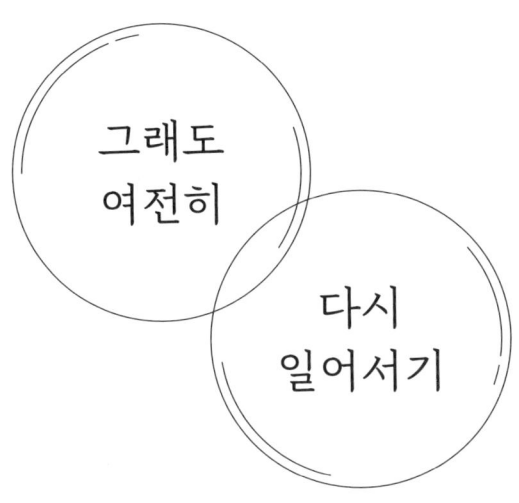

그래도 여전히 다시 일어서기

한창 지음

차례

9　**들어가며**─실패의 언어로 나를 다시 배우다

1장　청소년의 마음

실패의 감정은 내면을 조용히 파괴한다　15

19　무력감이라는 감옥이 만들어지는 과정
21　나를 일으키는 마음 회복법
26　당신의 실패는 끝이 아니다

완벽에 대한 집착은 자기파괴의 또 다른 이름이다　29

32　몸과 마음, 환경을 모두 관리한다는 것
34　나를 위한 자기 관리 시스템
39　조용한 승리를 위하여

2장 청년의 마음

외로움은 가장 빠른 정서적 침식이다 45

49 정해진 길 위에서의 방황

51 나를 지키는 세 가지 연습

56 가장 정직한 나침반

방황의 끝에서 내 삶의 목적어를 찾다 58

61 내재적 동기의 발견

63 나만의 지도를 찾는 법

68 방황은 새로운 길의 시작이다

도망치기는 나약함이 아닌 회복의 시작이다 71

77 나를 잃어버린 곳에서 소명을 발견하다

79 부조리한 세상 속에서 나를 지키는 마음 방어술

84 무너진 자리에서 일어설 동기를 찾다

속도의 불일치가 자아를 흔들 때 87

91 멈춤이 주는 불안, '보어아웃'이라는 함정

93 멈춰버린 세상 속에서 나만의 속도를 찾는 법

98 모든 속도에는 그 의미가 있다

3장 결혼의 마음

가족과 사랑 사이에서 자아는 찢어지고 또 자란다 103

101 사랑은 어떻게 우리를 어른으로 만드는가

112 세상의 반대 앞에서 사랑을 지켜내는 마음가짐

117 선택이 믿음이 될 때까지

아무도 알려주지 않은 부모의 탄생 120

127 부부에서 전우로, 관계의 재구성

129 부모가 되는 길목에서 우리를 지켜내는 방법

134 혼돈 속에서 새로운 가족이 태어난다

4장 독립 인간의 마음

리더의 마음도 돌봄이 필요하다 139

143 오해를 견뎌야만 할 때

145 가끔은 오해 속에서 새로운 이정표가 세워진다

150 때로는 최악의 카드가 최고의 무기가 된다

퇴사는 포기가 아니라 자기 감정의 회복 선언이다 154

160 조직의 평가와 나의 가치가 충돌할 때

162 외부의 평가에 흔들릴 때 나를 다시 세우는 방법

167 나의 가치는 누가 평가하는가

실패는 끝이 아니라 정서적 재조정의 시작이다 171

175 실패의 해부, 모든 것을 잃고 얻은 것

178 모든 것이 무너졌을 때 다시 나를 일으키는 방법

183 상실했을 때 비로소 보이는 것들

187 **마치며**—당신의 실패도 괜찮습니다

들어가며
실패의 언어로 나를 다시 배우다

우리는 태어나는 순간부터 정답을 강요받는다. 세상은 더 빨리 걷고, 더 일찍 말하고, 더 높은 점수를 받아야 한다고 우리에게 말한다. 세상이 정해놓은 성공의 로드맵 위에서 '실패'는 곧 낙오이며 이탈한 자에게 찍히는 부끄러운 낙인이다. 나 역시 그 로드맵을 성실하게 따라왔다. 한의사라는 번듯한 직업을 가졌고, 방송에 나오는 유명인의 남편이 되었으며, 두 아이의 아빠가 되었다. 겉보기에는 실패와는 거리가 먼, 탄탄대로의 삶처럼 보일지도 모르겠다.

하지만 이 책은 나의 성공에 대한 기록이 아니다. 오히려 그럴듯해 보이는 이력 뒤에 숨겨진, 내가 겪은 수많은 실패의 흔적들에 대한 기록이다. 나는 끊임없이 고초에 부딪혀 무너졌다. 때로는 도망치다가 길을 잃어 오랜 시간 헤매기도 했다. 높은 곳에 올랐다고 생각한 순간 저 아래로 추락했고, 모든 것을 가졌다고 믿었을 때 모든 것이 사라졌다. 그때마다 나는 자신에게 묻곤 했다. "이것은 실패일까, 아니면 나를 알아가는 시간일까?"

이 책에 담긴 순간들을 나의 치부라고 생각한 적도 있지만 이제 와 돌이켜보면 그 시간이야말로 내 삶에서 가장 진실한 장면들이었다. 쓰러졌던 자리에서 다시 일어서는 법을 배웠고, 모든 것이 무너진 후에야 비로소 나의 진짜 목소리를 들을 수 있었다. 그리고 마침내 깨달았다. '실패'란 나를 부끄럽게 하는 것이 아니라 나를 다시 마주하게 해주는 정직한 언어라는 것을.

혹시 지금 실패라는 단어 앞에서 주저하는 사람이 있다면, 세상의 정답과 다른 길을 걷고 있다는 불안감에 홀로 밤을 지새우는 사람이 있다면, 그에게 나의 실패 노트를 조용히 건네고 싶다. 당신의 실패는 결코 당신의 '잘못'과 같은 말이 아니라고, 당신이 멈추지 않고 살아가고 있다는 증거이며 그 안에서 반드시 당신만의 해답이 피어날 것이라고 말해주고 싶다. 이 책은 그 길고 외로운 여정을 먼저 걸어본 사람으로서, 당신의 마음에 건네는 작은 위로이자 진솔한 응원이다.

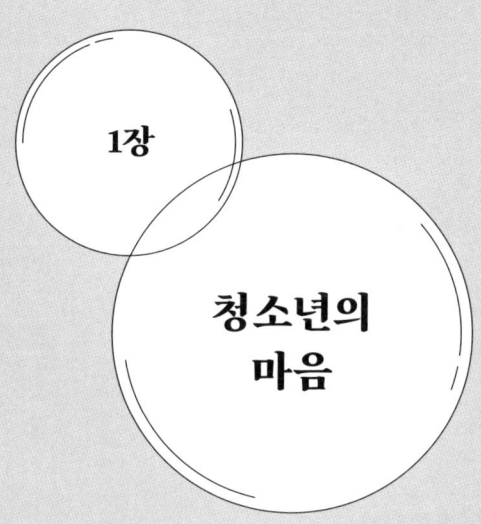

1장

청소년의 마음

실패의 감정은
내면을 조용히 파괴한다

나는 전라남도 순천의 한 비평준화 고등학교에 다녔다. 시험은 계절처럼 어김없이 돌아왔고, 나는 시험 전날 밤이면 이유 없는 복통에 시달렸다. 긴장으로 목덜미가 뻣뻣하게 굳고 숨을 길게 내쉬어도 명치끝에 걸린 돌덩이가 내려가지 않았다. 시험이 끝나면 학교 입구 게시판에는 하얀 종이 위에 이름과 등수가 박제되었다. 1등부터 100등까지 나열된 숫자가 쇳덩이처럼 내 마음을 옥죄었고, 나는 늘 중간쯤에 머물렀다.

아버지는 산만한 내 집중력을 키워주겠다며 바둑

을 가르쳤다. 차갑고 매끄러운 바둑돌의 감촉, 한 수 한 수 논리를 쌓아 상대를 제압하는 고요한 쾌감. 나는 바둑에 빠져 동아리까지 만들었고, 그만큼 공부와는 멀어졌다. 이미 저만치 앞서나가는 친구들 사이에서 나는 저들을 이길 수 없을 거라는 패배감이 짙은 안개처럼 스며들고 있었다.

친구들이 의대나 서울대를 마치 자신의 미래인 것처럼 당당히 말할 때 나는 입을 다물었다. 그러다 누군가 내 꿈을 물으면, 대답을 기대하는 눈빛에 심장이 철렁 내려앉았다. 내 대답을 듣고 실망하는 주변의 시선이 예상돼 두려웠다. 겉으론 무표정했지만 속은 타들어갔다. 친구들과 나의 성적을 비교하며 조바심이 들었다. 하지만 비교는 마치 거울과 같아서, 잔인하게도 나의 부족함을 선명하게 비추고 자존감을 바닥까지 떨어뜨렸다.

결국 나는 도망치는 법을 배웠다. 고등학교 3학년 야간자율학습 시간마다 가방을 교실에 둔 채 유령처럼 교문을 빠져나와 피시방으로 향했다. 희미한 담배 연기와 컵라면 냄새, 헤드셋 너머로 들리는 요란한 게임 소음. 피시방은 나의 패배를 잊을 수 있는 곳이었다. 모니터 속 화려한 승리의 메시지가 텅 빈 마음을 채워주었다. 그러나 그것도 잠시뿐이었다. 밤 열한 시가 넘어 집으로 돌아오는 차가운 거리 위에서 더 큰 불안과 자기혐오가 나를 덮쳤다.

수능 전날조차 나는 고사장을 확인하고 돌아오는 길에 습관처럼 피시방에 들렀다. 수능 결과는 참담했다. 무기력하게 원서를 쓰며 부모님에 대한 죄책감이 들었다. 며칠 동안 식사도 거르신 채 방에 누워 계시던 어머니의 지친 뒷모습. 그 모습은 지금도 눈에 선하다. 하지만 그때의 나는 어떻게든 될 거라는 막연한 기대 뒤에 숨어 그 고통을 외면하고 있었다.

졸업식 다음 날 이른 새벽, 나는 어머니와 함께 재수를 위해 서울행 기차에 올랐다. 차가운 새벽 공기가 낯설었다. 아무 기대 없이 차창에 기댄 내 앞에 경찰대에 합격해 상경하던 친구들이 나타났다. 그들의 또렷한 눈빛과 확신에 찬 말투가 심장을 찔렀다. 부러움과 함께 내 처지가 비참하게 느껴졌다.

어머니는 주머니에서 꾸겨진 지폐를 꺼내 그 친구

들에게 쥐여주셨다. 가서 열심히 하라고 환하게 웃으며 아들 친구의 등을 두드려주는 어머니의 모습에 뜨거운 것이 울컥 목구멍으로 치밀었다. 어머니는 실패한 아들을 조금이라도 더 좋은 곳에 보내려고 이 차가운 새벽길을 함께하고 계셨던 것이다.

그때 내 안에서 무언가 단단하게 결심이 섰다.

'재수는 실패의 연장이 아니다. 이건 내 인생의 기준을 새로 세우는 시작점이다.'

서울에 도착하면 통학 학원을 알아볼 생각이었다. 하지만 나는 나를 알았다. 나는 성실함과 지속성이 부족했다. 내게 필요한 것은 나를 잡아줄 엄격한 감독과 체계적인 환경이었다. 그래서 스스로 기숙학원을 선택했다. 그 결정만큼은 온전히 내 몫이었다. 남을 이기기 위한 경쟁이 아니라 어제의 나를 넘어서기 위한 싸움. 그 결심은 그해 겨울의 공기처럼 아직도 내 안에 또렷하게 남아 있다.

상처 읽기

무력감이라는 감옥이 만들어지는 과정

신경정신과 전문의가 된 지금 나의 10대 시절을 돌아보면 끝없는 '사회적 비교'의 덫에 걸려 감옥에 갇힌 것과 같았다. 성적 게시판처럼 외부의 기준이 나를 평가하는 환경에 지속적으로 노출되면 우리는 어느새 그 기준을 내면화하게 된다. 실패는 더 이상 '낮은 점수를 받은 사건'이 아니라, '나의 부족함을 증명한 사건'이 되어버린다. 이것이 바로 무력감이라는 감옥이 만들어지는 과정의 시작이다.

내가 노력해도 따라잡을 수 없다고 생각했던 것은 심리학에서 말하는 '학습된 무기력'의 전형적인 모습이었다. 몇 번의 좌절을 겪은 뒤 어떤 노력을 해도 결과를 바꿀 수 없다고 믿게 되는 심리 상태다. 이 믿음이 굳어지면 우리는 더 이상 시도조차 하지 않게 된다. 내가 야간자율학습을 피해 피시방으로 도망쳤던 것은 단순히 게을러서가 아니었다. 그것은 다가올 실패의 고통을 마주할 자신이 없어 선택한 '회피 행동'이었다. 회피는 당장의 불안을 잠시 잊게 해주지만, 장기적으로는 '나는 이 문제를 해결할 능력이 없는 사람'이라는 부정적인 자기 인식을 더욱 강화한다.

또한 친구들 앞에서 목표를 말하지 못했던 것은 '가면 증후군Imposter Syndrome'의 씨앗이었다. 자신의 성공이나 능력이 운이나 외부 요인 덕분이라 여기고, 언젠가 자신의 무능함이 발각될 것이라는 두려움을 느끼는 심리다. 나는 나에게 거는 기대가 실망으로 돌아올 것이라는 불안을 떨쳐낼 수 없었다. 이는 타인의 인정을 갈구하면서도, 그 인정이 진짜 내 것이 아니라고 믿는 내면의 모순에서 비롯된다.

한의학적으로는 이러한 지속적인 스트레스와 억눌린 감정이 '간기울결肝氣鬱結'을 유발한다고 본다. 간의 기운이 막히고 뭉쳐 원활하게 흐르지 못하는 상태로, 시험 전의 복통이나 목덜미의 뻣뻣함 같은 신체 증상으로 나타난다. 마음의 문제가 몸의 증상으로 드러나는 것이다. 중요한 것은 이 모든 증상이 의지가 약해서가 아니라 마음의 시스템이 고장 나서 나타나는 현상이라는 사실을 이해하는 것이다.

마음 처방

나를 일으키는 마음 회복법

고장 난 마음의 시스템을 스스로 고치고 다시 일어서기 위해서는 막연한 의지나 거창한 각오보다 구체적인 기술과 꾸준한 연습이 필요하다. 실패의 경험이 나를 지배하는 것이 아니라, 내가 그 경험의 주인이 되어야 한다. 무력감의 감옥에서 걸어 나와 나를 짓누르던 감정의 실체를 똑바로 마주하고, 그것을 다룰 수 있는 힘을 길러야 한다. 지금부터 소개할 3단계 회복법은 거창한 심리 이론이 아니다. 내가 진료실에서 만난 이들 그리고 과거의 나에게 해주고 싶은 아주 구체적이고 실용적인 응급처치이자 근력 운동법이다.

1단계

감정 관찰 노트로 감정에 주소 붙여주기

 감정은 억누를수록 커지고, 이름을 붙여줄 때 비로소 다룰 수 있게 된다. 하루 오 분, 노트를 펴고 내 마음을 관찰해보는 것이다. '친구의 성적을 보니 질투가 났다', '엄마의 침묵에 죄책감이 들었다', '피시방에서 게임을 할 땐 잠시 즐거웠지만 돌아오는 길엔 허무했다'처럼 솔직하게 감정의 주소를 찾아주는 일이다. 이렇게 감정을 글로 옮기는 것만으로도 우리는 감정에 휩쓸리지 않고 한 걸음 떨어져 객관적으로 자신을 돌아볼 힘을 얻게 된다. 이것은 내 마음의 지도를 그리는 첫 단계다. 실제로 나는 얼마 전, 늘 내신 1등급을 놓치지 않던 한 고등학생을 상담한 적이 있다. 그 학생은 한 번의 모의고사에서 크게 실패한 후 '불안해서 공부가 안된다'라는 말만 반복하며 슬럼프에 빠져 있었다. 나는 그에게 약 처방 대신 매일 밤 자기 전 딱 세 문장만 써보라고 권했다. 처음 며칠간 학생의 노트에는 '불안하다', '망했다'와 같은 문장만 적혀 있었다. 하지만 일주일쯤 지나자 내용이 구체적으로 바뀌기 시작했다. '1등을 놓쳐서 부모님이 실망할까 봐 두렵다', '나를 앞질러 간 친구에게 질투와 분노를 느낀다', '이대로 내 인생이 실패할 것 같아 막막하다'······. 이렇게 자신의 감정에 구체적인 주소를 붙여주자 학생은 그제야 '성적이 떨어진 나'와 '불안을 느끼는 나'를 분리해서 바라볼 수 있게 되었다. 성적은 떨어졌지만, '나'라는 존재 자체가 실패한 것은 아니라는 사실을 깨닫게 된 것이다.

2단계
작은 성공 일지로 나만의 승리 공식 만들기

성적 게시판이라는 '남의 경기장'에서 내려와 '나만의 경기장'을 만드는 연습이다. 거대한 목표가 아닌, 어제의 나보다 딱 한 뼘 성장하는 것을 목표로 삼는 것이다. '어제는 수학 문제 열 개를 풀었으니 오늘은 열한 개를 풀자', '어제는 삼십 분 게임을 했으니 오늘은 이십오 분만 하자'. 그리고 그 작은 성공을 날마다 기록해보자. 눈에 보이는 작은 성공들이 쌓일 때, 해봤자 안 될 거라는 무력감의 목소리는 점점 작아지고, 해보니까 된다는 자기효능감의 목소리가 그 자리를 채우기 시작한다. 이것은 내가 지독했던 재수 시절, 무너지는 나를 일으켜 세우기 위해 실제로 사용했던 방법이다. 모의고사 성적표가 처참하게 나온 날 밤, 나는 모든 게 끝났다는 절망감에 휩싸였다. 하지만 그날 밤부터 작은 수첩에 성공 일지를 쓰기 시작했다. 거창한 것이 아니었다. '아침 여섯 시에 지각하지 않고 일어났다', '어제 못 풀었던 영어 단어 다섯 개를 외웠다', '점심 먹고 졸지 않고 바로 자리에 앉았다'……. 남들이 보기에 하찮을지 몰라도 이것들은 분명 어제보다는 발전한 오늘의 나의 성공이었다. 매일 밤 이 작은 성공들을 서너 개씩 적어 내려가자 이상한 일이 벌어졌다. 성적이라는 결과와 상관없이 적어도 나는 오늘 내가 할 수 있는 최선을 다했다는 만족감이 쌓이기 시작했다. 그렇게 쌓인 만족감들은 거대한 불안 속에서도 나 자신을 완전히 잃지 않도록 지켜주는 방파제 역할을 해주었다.

3단계

실패를 성장으로 치환하기

실패를 '나는 끝났다'라는 마침표로 받아들이면 우리는 그 자리에 주저앉게 된다. 그러니 실패를 '성장을 위한 질문'으로 바꾸는 것이 좋다. 내가 스스로 기숙학원을 선택하며 나에게 필요한 환경을 고민했던 것처럼 말이다. '이번 실패는 나에게 무엇을 가르쳐주었는가?', '이 방법이 통하지 않았다면 나에게 더 잘 맞는 방법은 무엇인가?', '이 경험을 통해 나는 무엇을 포기하고 무엇을 지켜야 하는 사람인지 알게 되었는가?' 질문에 답을 찾아가는 과정에서, 실패는 더 이상 부끄러운 과거가 아니라 나를 더 단단하게 만들어준 최고의 스승임을 깨닫게 될 것이다. 스탠퍼드 대학의 심리학자 캐롤 드웩은 자신의 능력이 고정되어 있다고 믿는 '고정 마인드셋'과 노력을 통해 능력을 발전시킬 수 있다고 믿는 '성장 마인드셋'을 이야기했다. 실패 앞에서 좌절하는 대부분의 사람은 자신도 모르게 고정 마인드셋에 빠져 있다. '나는 머리가 나빠',

'나는 재능이 없어'와 같은 판결을 스스로에게 내리는 것이다. 내가 진료실에서 만나는 번아웃 직장인들에게 자주 하는 조언도 바로 이것이다. 중요한 프로젝트에서 실패한 뒤 무력감에 빠진 직장인에게 나는 "무엇 때문에 실패했다고 생각하세요?"라고 묻지 않는다. 대신 "이번 경험을 통해 무엇을 배울 수 있었나요?"라고 묻는다. 이런 질문은 실패를 성장의 정보로 바꿔놓는다. 실패는 더 이상 나의 한계를 보여주는 최종 판결이 아니라, 더 나은 다음을 위한 유용한 데이터가 되는 것이다.

작은 회복

당신의 실패는 끝이 아니다

그 시절의 나처럼 지금 비교의 거울 앞에서 한없이 작아지고 있는 누군가가 있다면 꼭 말해주고 싶다. 당신이 느끼는 패배감과 무력감은 당신의 나약함이 아닌, 더 나아지고 싶다는 열망의 또 다른 이름이라는 것을. 도망치고 싶은 마음은 무너지고 싶지 않다는 당신의 마지막 저항이라는 것을 말이다.

우리는 실패하면 모든 것이 끝이라고 생각하지만 삶은 결코 한 번의 시험으로 끝나지 않는다. 그때의 나는 재수라는 선택 앞에서 내 인생이 실패했다고 생각했다. 하지만 지금 돌이켜보면 그 실패는 내 삶의 방향을 처음으로 직접 결정하게 한 중요한 전환점이었다. 어머니의 눈물에 타인의 고통을 헤아리게 되었고, 친구의 빛나는 모습에 처음으로 내 안의 진심과 마주했다. 실패했기에, 나는 비로소 나를 제대로 보기 시작했다.

이것은 비단 입시만의 이야기가 아니다. 자신의 프로젝트가 동료의 화려한 성과에 가려 빛을 보지 못한 직장인, 비슷한 시기에 결혼한 친구의 행복한 소식에 자신도 모르게 마음이 쓰라린 신혼부부, 아이의 더딘 발달이 혹시 내 탓은 아닌지 전전긍긍하는 부모. 우리는 모두 삶의 곳곳에서 자신만의 성적 게시판과 마주하며 살아간다. 그 순위표 앞에서 주저앉고 싶을 때, 오늘 이야기한 3단계 회복법을 기억해주길 바란다. 당신의 감정에 이름을 붙여주고, 아주 작은 성공을 축하해주고, 실패를 성장을 위한 질문으로 바꿔보는 것 말이다.

당신은 결코 혼자가 아니다. 당신이 겪는 마음의 겨울을 나 역시 온몸으로 겪어냈고 수많은 사람이 지금도 함께 겪어내고 있다. 그러니 부디, 당신의 실패를 끝이라고 말하지 말아달라. 그것은 당신의 진짜 이야기를 써 내려갈 첫 문장이 될 것이다.

완벽에 대한 집착은
자기파괴의 또 다른 이름이다

나는 경기도 외곽에 있는 한 기숙학원에 들어갔다. 입소 첫날, 수능 성적에 따라 반이 나뉘어 나는 '서울대 반'에 들지 못했다. 같은 고등학교 동기 중 한 명은 나보다 10점 정도 높은 점수를 받고 서울대 반에 배정되었다는 소식을 들었다. 그 사실 하나만으로도 나는 어딘가 부족한 사람이라는 낙인이 찍힌 것 같았다. 재수를 결심하며 겨우 세워두었던 자존심이 다시 한번 소리 없이 무너져 내렸다.

나는 이른바 '비서울대 반'에 배정되었다. 10여 평

남짓한 좁은 공간에 40명이 넘는 사람들이 빽빽이 들어차 있었다. 전국 각지에서 모인, 저마다 절박함을 가진 얼굴들. 그들과 한 공간에서 숨 쉬는 것만으로도 압박감이 느껴졌다. 재수 전 수능에서 전국 상위 5퍼센트 안에는 들었다는 마지막 자존심이 있었지만, 5월과 6월의 모의고사 성적은 무서울 정도로 하락하고 있었다. 책상 위 문제집은 쌓여가는데 내 등수는 자꾸만 뒷걸음질 쳤다.

절박함에 나는 스스로를 몰아붙였다. 새벽 여섯 시에 일어나 새벽 한 시에 잠드는 생활이 기계처럼 반복되었다. 하루 열다섯 시간씩 책상 앞에 앉아 있었지만, 머릿속은 텅 비고 글자는 눈 위를 겉돌았다. 체력은 금세 바닥나고 마음에는 조급함만 쌓여갔다.

입소 후 3주쯤 지났을 무렵, 몸이 먼저 비명을 지르기 시작했다. 밤에 잠자리에 누우면 심장이 멋대로 발작하듯 뛰고 온몸이 돌처럼 굳었다. 곧이어 찾아오는 가위눌림. 의식은 또렷한데 몸은 옴짝달싹할 수 없는 공포 속에서 나는 매일 밤 허우적거렸다.

다행히 같이 재수 생활을 하던 친구의 아버지가 한

의사셨던 덕분에, 그분의 도움으로 치료를 받으며 바닥난 체력을 조금씩 회복할 수 있었다. 그즈음 나는 중대한 결심을 했다. 기숙학원에서는 2주에 한 번 주말 외출을 허락했는데, 나는 그 외출을 포기했다. 주말에 친구들을 만나고 돌아오면 자유로운 그들과 학원에 갇혀 있는 나를 비교하며 밀려드는 허탈감을 감당할 수 없었다. 나는 그 자극 자체를 차단하기로 했다. 대신 텅 빈 주말의 기숙학원 운동장에서 홀로 농구를 했다. 땀을 뻘뻘 흘리며 공을 던지는 동안 머릿속의 불안을 잊을 수 있었다.

그리고 모의고사를 보기 전에 청심환을 먹기 시작했다. 시험 시작을 알리는 종이 울릴 때마다 심장을 옥죄던 극심한 긴장감을 다스리기 위한 나만의 처방이었다. 그렇게 몸을 돌보고, 마음을 자극하는 환경을 피하고, 결정적인 순간 불안을 다스리는 시도를 하자 거짓말처럼 성적이 다시 오르기 시작했다. 기숙학원 마지막 모의고사에서는 전국 1퍼센트라는 성과를 이뤄냈다.

마침내 수능 당일, 시험이 끝나고 가채점을 했을 때

나는 모든 문제를 다 맞혔다고 생각했다. 하지만 결과는 전 과목에서 네 문항을 틀렸다. 실제 성적도 그렇게 나왔다. 완벽한 승리는 아니었다. 하지만 그 순간 나는 깨달았다. 이 시간이 결코 헛되지 않았다는 것을. 아무도 알아주지 않아도 괜찮았다. 나는 나 자신에게 증명했다. 나는 그 치열한 시간 속에서 조용히 승리하고 있었다.

상처 읽기

몸과 마음, 환경을 모두 관리한다는 것

기숙학원에서의 시간은 단순히 공부와의 싸움이 아니었다. 그것은 나라는 존재의 모든 것을 시험대에 올리는 총력전이었다. 극도의 스트레스 상황에서 우리는 종종 의지나 정신력을 강조하지만, 그때의 나는 몸과 마음 그리고 나를 둘러싼 환경이 얼마나 유기적으로 연결되어 있는지를 온몸으로 깨닫고 있었다.

성적이 떨어지자 나는 잠을 줄이고 공부 시간을 늘리는 방식으로 나를 몰아붙였다. 그러나 이는 고갈된 엔진에 채찍질하는 것과 같았다. 육체의 에너지가 바닥나자 정신의 효율도 함께 떨어졌다. 밤마다 찾아온 가위눌림은 단순한 악몽이 아니었다. 그것은 나의 몸이 마음에게 보내는 필사적인 구조 신호였다.

'더 이상 버틸 수 없어. 이대로 가다간 무너져 내릴 거야.'

한의학에서는 과도한 스트레스와 긴장이 심장의 불心火을 타오르게 하여 정신을 불안하게 만든다고 본다. 내 몸은 이미 과학적, 경험적 진리를 통해 정확한 진단을 내리고 있었던 셈이다.

나의 상태를 변화시킨 것은 강한 의지가 아니라 전략의 전환이었다. 나는 무의식적으로 자신을 위한 종합적인 처방을 내리기 시작했다. 한의학적 치료로 고갈된 몸을 돌봤고, 주말 외출을 포기함으로써 나를 괴롭히는 비교의 자극, 즉 환경을 통제했다. 그리고 청심환이라는 도구를 통해 시험 직전의 마음을 직접 다스렸다. 이 세 가지 요소가 맞물려 돌아가자 닫혀 있던 선순환의 문이 열리기 시작했다.

마음 처방

나를 위한 자기 관리 시스템

극한의 상황에 놓였을 때, '더 열심히'라는 구호는 때로 위험한 함정이 될 수 있다. 타오르는 불길에 기름을 붓는 격이기 때문이다. 중요한 것은 맹목적인 노력이 아니라 나 자신의 컨디션을 섬세하게 조율하고 관리하는 시스템을 만드는 것이다. 나의 몸과 마음, 환경을 객관적으로 분석하고 각 영역에 필요한 처방을 내리는 '자기 삶의 경영자'가 되어야 한다. 이는 비단 수험 생활뿐 아니라 우리가 인생에서 마주하는 모든 종류의 위기에 적용할 수 있는 지혜다.

1단계

내 몸의 신호에 응답하기

몸은 마음의 상태를 비추는 가장 정직한 거울이다. 피로, 소화불량, 수면 문제 등 몸이 보내는 작은 신호들을 의지가 약해서 그렇다며 무시해서는 안 된다. 그것은 에너지가 고갈되고 있으니 충전이 필요하다는 객관적인 데이터다. 공부 계획표에 국어, 영어, 수학뿐만 아니라 휴식, 운동, 충분한 수면을 주요 과목처럼 포함해야 한다. 소진되기 전에 의식적으로 나를 채우는 것, 이것이 무너지지 않는 사람들의 첫 번째 비밀이다.

진료실에서 만났던 한 대기업의 젊은 팀장은 중요한 프로젝트를 앞두고 몇 달간 매일 야근과 주말 근무를 반복했다. 만성적인 두통과 소화불량을 겪었지만 이것만 끝나면 괜찮아질 거라며 무리한 일정을 강행했다. 결국 그는 프로젝트 발표 당일 아침 극심한 어지럼증으로 쓰러져 응급실에 실려 갔다. 그의 몸은 이미 오래전부터 계속해서 멈추라는 신호를 보내고 있였지만, 그의 의지가 그 신호를 억누르고 있었던 것이다. 내가 기숙학원에서 매일 밤 가위눌렸던 것도 마찬가지다. 그것은 정신력이 약하다는 증거가 아니라, 나의 몸이 보내는 마지막 경고이자 필사적인 구조 요청이었다. 몸의 경고를 무시한 대가는 생각보다 훨씬 크고 혹독하다.

2단계
나만의 보호 구역을 설정해 자극 볼륨 조절하기

우리의 정신적 에너지는 한정되어 있다. 불필요한 곳에 감정을 소모하면 정작 중요한 일에 쓸 에너지가 남아 있지 않게 된다. 내가 주말 외출을 포기했던 것처럼 나를 불안하게 하거나 무력하게 만드는 자극이 무엇인지 파악하고, 의식적으로 그 자극의 볼륨을 조절해야 한다. SNS를 잠시 끊거나 부정적인 인간관계를 멀리하는 것도 여기에 해당한다. 온전히 나를 위한 시간을 확보하고, 외부의 소음으로부터 내 마음을 지킬 수 있는 보호구역을 만드는 연습이 필요하다. 내가 기숙학원에서 주말 외출을 포기했던 것은 단순히 공부 시간을 더 확보하기 위함이 아니었다. 그것은 나를 지키기 위한 처절한 자기방어였다. 외출해서 만난 친구들의 자유로운 모습, 나 없이도 즐겁게 흘러가는 세상의 풍경은 나에게 해방감이 아닌 더 깊은 박탈감과 조급함만을 안겨주었다. 나는 그 감정 소모를 감당할 수 없었다. 대신 텅 빈 운동장에서 홀로 농구공을 던지며 땀 흘리는 시간을 택했다. 이는 현대인들이 주말에 스마트폰을 잠시 꺼두고 디지털디톡스를 하는 것과 같은 이치다. 나를 지치게 하는 자극으로부터 의식적으로 거리를 둘 때, 우리는 비로소 고갈된 내면의 에너지를 다시 채울 수 있는 공간을 확보하게 된다.

3단계
나만의 비상 스위치 만들기

아무리 노력해도 중요한 순간에 불안이 파도처럼 덮쳐올 때가 있다. 이때 불안에 저항하며 떨면 안 된다고 외치는 것은 오히려 불안을 증폭한다. 중요한 것은 불안을 없애는 것이 아니라 그 파도에 휩쓸리지 않고 올라탈 수 있는 나만의 서핑보드를 미리 준비해두는 것이다. 내가 청심환을 활용했던 것처럼 심호흡, 명상, 음악 듣기, 가벼운 스트레칭 등 결정적인 순간에 나를 안정시킬 수 있는 '비상 스위치'를 만들어두는 것이다. 이것은 위기의 순간에 내가 통제권을 잃지 않았다는 감각을 유지해주는 강력한 심리적 앵커가 된다. 운동선수들이 중요한 경기를 앞두고 늘 똑같은 음악을 듣거나, 특정 동작을 반복하는 것도 바로 이 때문이다. 예측 불가능한 상황 속에서 내가 통제할 수 있는 단 하나의 행동을 통해 심리적 안정감을 되찾는 것이다. 내가 모의고사 전에 청심환을 먹은 것도 단순 약효를 넘어 의식에 가까운 기능을 해주었다. '이것을 먹었으니, 나는 이제 괜찮을 거야'라는 믿음이 불안의 고리를 끊어내는 스위치 역할을 해주었다. 이것은 심호흡이 될 수도 있고 아로마 오일의 향을 맡는 것이나 손에 작은 부적 같은 걸 꽉 쥐는 것일 수도 있다. 중요한 것은 위기의 순간, 내가 나를 위해 무언가 해줄 수 있는 구체적인 행동을 가지고 있다는 믿음 그 자체다.

그것이 바로 불안의 파도 위에서 나를 지켜줄 가장 든든한 심리적 앵커가 된다.

작은 회복

조용한 승리를 위하여

그 치열했던 재수 생활이 나에게 가르쳐준 가장 큰 교훈은 국어 문제 풀이법이나 영어 단어 암기법이 아니었다. 그것은 완벽하지 않아도 괜찮다는 사실과, 진정한 승리는 나 자신을 지켜내는 과정에 있다는 깨달음이었다. 수능 시험에서 네 문제를 틀렸다는 사실은 더 이상 중요하지 않았다. 그보다 중요한 것은 무너져 내리던 내가 스스로 몸과 마음, 환경을 돌보는 법을 배우며 끝까지 완주해냈다는 사실이었다.

우리는 종종 1등을 했는가, 목표를 달성했는가와 같은 눈에 보이는 결과만이 중요하다고 믿는다. 하지만 인생이라는 긴 경주에서 정말 중요한 것은 수많은 위기 속에서 나 자신을 잃지 않고 계속 나아갈 힘을 기르는 것이다. 그 힘은 더 강한 정신력이 아니라 나를 섬세하게 돌보는 지혜에서 나온다.

이는 삶의 모든 영역에 적용된다. 중요한 프레젠테이션을 앞두고 밤샘 작업을 반복하다 결국 번아웃을 겪는 직장인, 육아와 살림에 치여 자신의 몸과 마음을 돌볼 겨를도 없이 소진되어가는 부모, 더 나은 작품을 만들어야 한다는 압박감에 스스로를 고립시키고 건강을 해치는 예술가. 그들은 모두 목표를 향해 달려가다 '나 자신을 돌보는 법'을 잊어버리는 실수를 저지르곤 한다.

지금 무언가에 도전하며 한계에 부딪힌 기분이 드는가. 그렇다면 잠시 멈춰서서 자문해보길 바란다, 자신을 몰아붙이고만 있는지 아니면 섬세하게 돌보고 있는지를. 당신의 몸이 보내는 신호에 귀 기울이고, 마음을 어지럽히는 자극들을 잠시 멀리하고, 곧 닥쳐올 불안의 파도에 대비하고 있는지를. 그 조용한 자기 돌봄의 시간이 쌓일 때, 우리는 비로소 흔들릴지언정

부러지지 않는 사람이 될 수 있다. 세상이 알아주지 않아도 괜찮다. 가장 중요한 승리는 언제나 내면에서, 조용히 시작되는 법이니까.

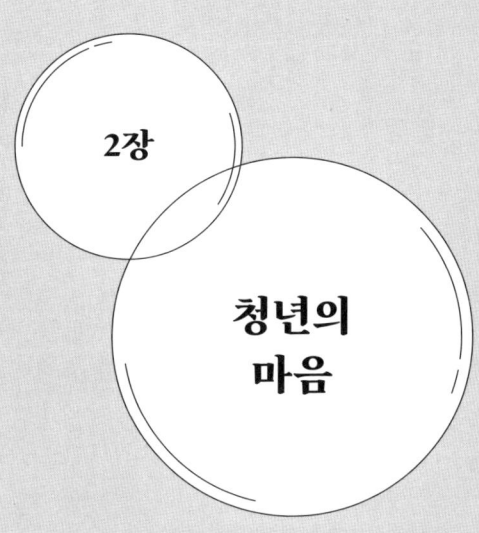

2장

청년의 마음

외로움은 가장 빠른
정서적 침식이다

　수능이 끝나고 대학에 합격하는 순간, 모든 고생이 끝났다고 믿었다. 길고 어두웠던 터널을 지나 마침내 빛 속으로 걸어 나온 기분이었다. 입학한 캠퍼스의 공기는 자유 그 자체였다. 누구도 간섭하지 않고 모든 시간을 내 마음대로 쓸 수 있다는 사실이 짜릿했다. 나는 그 무한한 가능성 앞에서 내 청춘이 드디어 시작되었다고 생각했다.

　특히 고등학생 때부터 늘 꿈꿔왔던 록밴드 동아리에 가입했을 때의 흥분은 아직도 생생하다. 자유로운 영혼들의 집합소, 그곳에서 뜨거운 음악을 함께 만들고 싶었지만 내가 마주한 건 낭만이 아니라 군기라는 현실이었다.

선배를 마주치면 하던 일을 멈추고 90도로 허리를 숙여 인사해야 했고 까마득한 선배들의 이름과 기수를 외워야 했다. 합주 전에는 늘 막내들이 먼저 도착해 선배들의 악기를 WD-40 윤활유와 마른걸레로 반짝거리게 닦아놓고 바닥의 먼지까지 모두 제거해야 했다. 내 손에 들린 것은 기타 피크가 아니라 기름 냄새가 나는 걸레였다. 공연이라도 있는 날이면 우리는 악기 포장부터 무대 세팅 그리고 뒷정리까지 책임진 후에야 지친 몸으로 뒤풀이 장소에 갈 수 있었다. 굶주린 배를 채울 시간도 없이 쏟아붓는 술에 매번 필름이 끊기기 일쑤였다.

선배들은 음악적 소양 함양이라는 이름 아래 무작위로 음악을 틀어놓고 밴드 이름을 맞히지 못하면 얼차려를 주었다. 공연 전 곡 검사 시간은 공포 그 자체였다. 밀폐된 합주실의 공기, 선배들의 차가운 눈빛. 바로 위 기수 선배들이 우리를 불러내 질책하고 머리를 땅에 박게 하는 동안 그들 역시 바로 위 선배들에게 똑같이 불려가 욕을 먹고 있었다. 부조리한 폭력이 대물림되는 그 기괴한 풍경 속에서, 술자리에서 물건을 던지거나 후배를 때리는 건 놀라운 일도 아니었다.

분위기가 이렇다 보니 동기들은 서로에게 책임을 떠넘기기 바빴고 술만 마시면 서로를 탓하며 싸웠다. 많은 동기가 폭력적인 문화를 견디지 못하고 떠나갔다. 후배들마저 모두 나가버리자 나는 졸지에 2년 동안 막내 생활을 해야 했다. 이런 문화를 바꿔보자는 나의 건의에는 중이 싫으면 절이 떠나라는 차가운 대답만 돌아왔을 뿐이다.

그렇게 빡빡한 록밴드 생활에 익숙해지자, 나도 모르게 다른 사람을 평가하는 잣대가 깐깐하고 고집스럽게 변해갔다. 함께 가입했던 통기타 동아리에서 설렁설렁 연습하는 후배를 보며 나도 모르게 "그렇게 해서 무대에 설 수 있겠어?"라며 날 선 말을 내뱉는 나를 발견했다. 나는 여러 동아리에 소속되어 있었지만 그 어느 곳에서도 온전히 융화되지 못하고 겉돌았다.

동기들과의 만남도 크게 다르지 않았다. 마음을 나

눈다는 것이 무엇인지 알기에는 너무 미성숙했던 걸까. 우리는 늘 시시껄렁한 농담과 술로 시간을 채웠다. 나는 늘 무리 속에 어울려 있었지만 누구와도 깊이 연결되어 있다는 느낌은 없었다. 집에 돌아오면 시끄러웠던 시간만큼이나 더 큰 공허함이 나를 덮쳤다. 자취방에 혼자 있을 때의 서늘한 적막. TV나 음악 소리도 그 적막을 채워주지 못했다. 나는 그 침묵이 두려워 필사적으로 친구들과의 술자리를 만들었다. 그것이 젊음을 태우는 것이라고, 그것이 바로 청춘이라고 오해한 채.

6년의 대학 생활 동안 나는 부모님이 보내주시는 돈으로 생활했다. 입학했을 때 장밋빛으로 보이던 미래는 어느새 빛이 바랜 현재가 되어 있었다. 그러다 문득 이런 생각이 머리를 스쳤다.

'내가 정말 한의사를 하는 게 맞는 걸까?'

상처 읽기

정해진 길 위에서의 방황

 나의 대학 시절은 '도착의 착각Arrival Fallacy'이 낳은 방황의 기록이었다. 한의대 합격이라는 거대한 목표를 달성한 순간 모든 것이 해결될 것이라 믿었지만 현실은 정반대였다. 최종 목적지라고 믿었던 그곳은 사실 아무런 이정표도 없는 광활한 사막의 시작점이었다. '이제 무엇을 위해 살아야 하는가'라는 더 근본적인 질문 앞에서 나는 속수무책이었다.

 그 질문에 대한 답을 찾지 못한 채 나는 동아리 활동, 잦은 술자리, 피상적인 인간관계라는 외부의 자극으로 내면의 공허함을 채우려 했다. 하지만 소음이 클수록 내면은 더 외로워졌다. 이는 사람들 속에 둘러싸여 있어도 느끼는 '군중 속의 고독'의 전형적인 모습이다. 특히 록밴드 동아리에서의 경험은 그 고독을 더욱 심화시켰다. 나는 음악이라는 공통의 목표 아래 깊은 유대감을 꿈꿨지만 그곳에 존재했던 것은 수직적인 위계와 폭력뿐이었다. 함께 있어도 결코 하나가 될 수 없었고, 연결을 갈망할수록 깊어지는 단절감은 나를 더 깊은 고립으로 몰아넣었다.

또한 전문직이라는 길은 오히려 진정한 나를 탐색하는 과정을 가로막는 족쇄가 되었다. 나는 '한의대생'이라는 사회적으로 인정받는 정체성은 있었지만, '한창이라는 개인'이 진정으로 무엇을 원하는지에 대해서는 무지했다. 이것은 심리학자 제임스 마르시아가 말한 '정체성 유예Identity Foreclosure' 상태와 같다. 깊은 고민과 탐색의 위기 없이, 부모님이나 사회가 제시한 가치와 역할을 그대로 수용해버리는 것이다. 나는 한의사라는 잘 닦인 길 위를 걷고 있었지만 그 끝에 내가 원하는 풍경이 펼쳐질지에 대한 확신은 없었다. 나의 방황은 어쩌면 정해진 정체성에 균열을 내고 진짜 나는 누구인가에 대한 답을 찾기 위한, 고통스럽지만 꼭 필요했던 몸부림이었을지도 모른다. 겉으로는 이성적이고 강한 척하는 가면을 쓰고 있었지만 그 가면 뒤의 유약한 나는 길을 잃고 헤매고 있었던 것이다.

마음 처방

나를 지키는 세 가지 연습

스무 살의 자유는 종종 우리를 광야 한복판에 홀로 세워둔다. 정해진 시간표도, 가야 할 학원도 없는 그 무한한 자유 앞에서 우리는 처음으로 모든 것을 스스로 선택해야 한다는 막막한 책임감과 마주한다. 길을 잃는 것은 당연하다. 하지만 진짜 위험은 길을 잃었다는 사실 자체보다 그 불안감을 감추기 위해 아무 길이든 정신없이 내달리는 데 있다. 공허함을 채우기 위해 많은 사람을 만나고 시끄러운 장소를 찾아 헤매는 것은 결국 자신으로부터 더 멀어지는 지름길일 뿐이다. 진정한 회복은 밖으로 향했던 시선을 안으로 돌려, 계속해서 나의 마음에 질문을 던지고 그 목소리에 귀 기울이는 일에서 시작된다.

1단계

소음 속에서 내 목소리에 집중하기

현대 사회는 우리에게서 고요를 앗아간다. 잠시도 침묵을 견디지 못하고 스마트폰을 켜 끝없는 정보와 자극으로 우리의 감각을 마비시킨다. 우리는 종종 침묵이 주는 공허함이 두려워 끊임없이 외부의 소음에 의지하지만, 이는 내면의 목소리를 외면하는 것과 같다. 진정한 나 자신과의 만남은 가장 고요한 순간에 이루어진다. 의식적으로 외부의 소음을 차단하고 혼자 있는 시간을 갖는 것은 시끄러운 세상 속에서 나를 잃지 않기 위한 최소한의 안전장치이자, 내면의 목소리에 귀 기울일 수 있는 유일한 통로다.

나의 대학 시절은 소음으로 가득했다. 혼자 있는 자취방의 적막이 두려워 필사적으로 밖으로 나돌았다. 하지만 그럴수록 나는 자신으로부터 더 멀어지고 있었다. 최근 진료실을 찾은 직장인도 비슷했다. 번아웃 증상을 호소하는 그는 혼자 있으면 불안해서 견딜 수가 없다고 했다. 나는 그에게 하루 딱 십오 분, 아무것도 하지 않고 동네를 산책하는 것을 숙제로 내주었다. 2주쯤 지나자 그는 "산책하는 동안 내가 정말 하고 싶은 일은 이게 아닌 것 같다는 목소리가 자꾸 들려요"라고 말했다. 외부의 소음을 차단하자 비로소 그의 내면에서 보내는 진짜 신호가 들리기 시작한 것이다.

2단계
진짜 관계와 가짜 관계 구별하기

우리의 시간과 에너지는 유한하다. 모든 사람에게 좋은 사람이 되려 애쓰는 것은 결국 나 자신을 잃는 가장 빠른 길이다. 많은 사람과 어울리는 것이 반드시 외로움을 해결해주지는 않는다. 때로는 얕고 넓은 관계가 오히려 더 큰 공허함을 남기기도 한다. 진짜 위로는 관계의 양이 아니라 깊이에서 온다. 내가 누구와 함께 있을 때 가장 나다울 수 있는지, 에너지를 얻는지 혹은 소모되는지를 냉정하게 점검하고 나의 한정된 에너지를 진짜 소중한 관계에 집중할 필요가 있다.

대학 시절 나는 수많은 사람에게 둘러싸여 있었지

만 늘 공허했다. 진짜 내 모습을 보여주면 사람들이 떠나갈까 봐 두려워 '활동적인 사람'이라는 가면을 쓰고 있었기 때문이다. 진료실에서 만나는 많은 이들이 비슷한 고민을 털어놓는다. 특히 직장에서 좋은 사람으로 남기 위해 모든 회식에 참석하고 동료의 부탁을 전부 들어주다 소진된 경우가 많다. 나는 그들에게 일주일에 단 하루라도 만나면 마음이 편해지는 사람과 깊은 대화를 나눠보라고 권한다. 그 시간을 통해 우리는 나의 에너지를 갉아먹는 관계와 나의 영혼을 채워주는 관계를 구별하는 법을 배우게 된다.

3단계
건강한 경계선 긋기

진정한 나를 찾아가기 위해서는 타인의 기대와 나의 욕구를 분리하는 연습이 필요하다. 타인의 인정과 사랑을 갈구하는 것은 인간의 자연스러운 본능이지만, 그것이 지나치면 우리는 삶의 주도권을 타인에게 내어주게 된다. 건강한 경계선을 긋는 것은 이기적인 행동이 아니라 나 자신과 타인 모두를 존중하는 성숙한 관계의 시작이다. 나의 욕구를 솔직하게 표현하고 상대의 무리한 요구는 거절할 줄 안다면, 우리는 비로소 타인에게 휘둘리지 않는 단단한 자아의 기둥을 세울 수 있다.

나는 연애 문제에 대한 부모님의 간섭을 당연하게 받아들였지만, 그것은 나의 관계 맺기 방식에 좋지 않은 영향을 주었다. 나의 감정과 선택에 온전히 책임지는 법을 배우지 못했기 때문이다. 거절이 두려워 모든 부탁을 들어주던 내담자가 있었다. 그는 나와의 상담 후, 처음으로 동료의 무리한 부탁에 "미안하지만, 그건 좀 어렵겠어"라고 말하는 연습을 했다. 그 뒤로 그는 부당한 요구에 대해 자신의 목소리를 내기 시작했고, 이전보다 훨씬 편안하고 주체적인 삶을 살게 되었다. 진짜 자유는 모든 것을 할 수 있는 상태가 아니라, 원치 않는 것을 하지 않는 용기에서 시작된다.

작은 회복

가장 정직한 나침반

스무 살의 나는 '자유'라는 이름의 망망대해에 방향키 없이 던져진 조각배와 같았다. 어디로 가야 할지 몰랐기에 그저 시끄럽고 화려한 불빛을 향해 필사적으로 노를 저었다. 사람들과 어울리고 술잔을 부딪치는 동안에는 외롭지 않다고 믿었다. 바쁘게 무언가를 하는 동안에는 내가 잘살고 있다고 착각했다. 하지만 파티가 끝나고 홀로 남겨진 자취방의 적막 속에서, 나는 어김없이 깊은 공허함과 마주해야 했다.

이것은 비단 나만의 경험은 아닐 것이다. 청춘들, 나이가 든 사람들도 비슷한 외로움과 싸운다. SNS 친구 목록을 보면서 정작 마음 터놓을 곳 하나 없는 직장인, 늘 가족에게 둘러싸여 있지만 엄마나 아내가 아닌 자신으로서는 깊은 고립감을 느끼는 주부, 약속과 모임으로 주말을 꽉 채우지만 월요일 아침이면 더 큰 허무함에 시달리는 사람. 우리는 종종 연결의 양이 외로움의 깊이를 해결해줄 것이라 오해한다.

하지만 진정한 연결은 바깥의 소음이 아니라 내면의 고요 속에서 시작된다. 내가 그토록 피하고 싶었던 자취방의 적막이 실은 나에게 중요한 질문을 던지고 있었다.

'너는 지금 행복한가? 네가 정말로 원하는 것은 무엇인가?'

공허함과 외로움은 밖이 아닌 안으로 시선을 돌려야 할 때가 왔다는 진솔한 내면의 목소리다.

혹시 지금 수많은 관계 속에서 이유 모를 공허함에 시달리고 있는가. 그렇다면 잠시 멈춰서서 당신의 마음을 들여다보길 바란다. 당신을 진짜 웃게 하는 것은 무엇이고, 당신을 지치게 하는 것은 무엇인지. 당신의 가면 뒤에 숨겨진 얼굴을 알아주는 사람은 누구인지. 그 고요한 질문 끝에 우리는 비로소 나를 채워줄 진짜 관계와 삶의 방향을 발견하게 될 것이다. 외로움은 우리가 피해야 할 적이 아니다. 나다운 길로 우리를 안내하는 가장 정직한 나침반이다.

방황의 끝에서
내 삶의 목적어를 찾다

본과 3학년부터 4학년까지 나는 2년간 과 대표를 맡았다. 감투가 생겼다고 해서 방황이 끝난 것은 아니었다. 교수님들, 대구한의대 병원에서 수련받던 레지던트 선배들과 교류가 잦아지면서 막연하게나마 전문의 과정에 대한 관심이 생기긴 했지만 그것은 구체적인 목표가 아닌 안개 같은 동경에 가까웠다.

주변에는 온통 만류하는 목소리뿐이었다. 선배들은 수련 과정이 얼마나 힘든지에 대해 겁을 줬고, 열다섯 명이 넘는 동기 모임에서도 수련의 길을 가겠다는 사람은 나를 포함해 단 한 명뿐이었다. 대부분은 졸업 후 고향 근처에 빨리 자리를 잡아 개원하는 것을 당연하게 생각했다. 나 역시 고향은 순천, 학교는 대구였으니 굳이 연고도 없는 곳에서 힘든 길을 가고 싶지는 않았다.

그렇게 나는 또다시 흘러가고 있었다. 본과 3학년부터는 졸업준비위원회 사무실이 따로 있었는데, 그곳이 나의 아지트였다. 수업이 끝나면 동기들과 그곳에 모여 게임을 했고, 자연스럽게 술자리로 이어졌다.

그렇게 의미 없는 시간으로 하루하루를 채워가던 본과 4학년, 과 대표였던 나는 졸업을 앞둔 동기들의 진로 조사 결과를 학교에 제출해야 했다. 나를 움직이게 한 건 의외로 아주 사소한 사건이었다. 늘 함께 어울리던 한 동기가 마치 자신의 미래를 선언하듯 말했다.

"난 J 한방병원에 지원할 거야. 요즘 뜨는 곳이기도 하고, 척추관절을 제대로 배우려면 거기가 제일 낫대."

당시 J 한방병원은 학교마다 한 명만 뽑는다는 소문이 돌 정도로 입사하기 어려운 곳이었다. 그래서 보통은 먼저 입사 의지를 밝힌 사람에게 그 자리를 양보하는 것이 우리 사이의 불문율이었다. 그런데 어쩐 일인지 그 말을 듣는 순간 내 안에서 뜨거운 무언가가 치솟았다. 경쟁심 그리고 열망. 그 어려운 곳에 내가 가고 싶다는 강렬한 욕망이 피어올랐다.

부모님의 반대는 생각보다 훨씬 거셌다. 집안 형편이 넉넉하지 않았기에 아들이 하루라도 빨리 개원해서 자리를 잡길 바라셨기 때문이다. 낯선 서울 땅에서 힘든 수련의 생활을 하겠다는 아들의 결정을 지지해주실 리 없었다. 친구들 역시 나의 갑작스러운 열망을 이해하지 못했다. 서울에 한 번도 가보지 않은 놈이 덜컥 서울에 있는 국내 최고의 병원에 지원하겠다니. 그들에게는 무모한 객기처럼 보였을 것이다.

평소 같았다면 물러서고 동기에게 기회를 양보했을 것이다. 하지만 그때만큼은 달랐다. 동기의 그 한마디가 안개 속을 헤매던 내 마음에 작은 돌멩이가 되어 파문을 일으켰다. 그렇게 나에게 선명한 목표가 생겼다. 그 대단한 곳에 당당히 합격하고 싶다는 목표. J 한방병원에서 근무하는 한의사!

확실한 방향과 목표가 생기니 더 이상 망설일 이유

가 없었다. 나는 처음으로 내 의지를 꺾지 않았고, 동기의 양보를 받아 결국 지원했으며, 덜컥 합격해버렸다. 돌이켜보면 그때가 내 일생에서 처음으로 무언가를 주도적으로 쟁취한 순간이 아니었을까 싶다. 그 동기에게는 지금도 미안한 감정이 남아 있다. 하지만 그것은 나 자신을 위해 내린 선택이었다. 오랜만에 느낀 내 감정의 목소리. 그 목소리를 따랐을 때 나는 비로소 길고 길었던 방황을 끝낼 수 있었다.

상처 읽기

내재적 동기의 발견

동기의 말 한마디가 나를 움직인 이유는 무엇일까. 단순히 좋은 직장을 원했기 때문이 아니었다. 그 말은 나의 가장 깊은 곳에 잠들어 있던 '내재적 동기'라는 스위치를 눌렀다. 외부의 보상(돈, 명예)이나 압력(부모님의 기대) 때문이 아니라, 행위 그 자체에서 오는 즐거움과 만족감, 즉 성장하고 싶다는 순수한 열망을 위해 행동하려는 욕구가 바로 그것이다.

그동안의 나는 '한의대생'이라는 외부에서 주어진 정체성에 기대어 타인의 시선과 사회적 기준에 맞춰 살아가고 있었다. 하지만 그 길 위에서 나는 행복하지 않았다. 내재적 동기가 없는 목표는 나를 움직이는 진짜 연료가 될 수 없었기 때문이다. 제대로 배우고 싶다는 열망은 나도 잊고 있던, 내 안의 가장 순수한 욕구였다. 특히 J 한방병원이 입사하기 어려운 곳이라는 점은 나의 도전 의식을 자극했다. 지난 6년간의 방황과 무기력 속에서 잃어버렸던 나의 유능함을 스스로에게 증명하고 싶었다.

심리학의 자기결정성 이론에서는 인간에게는 자율성, 유능감, 관계성이라는 세 가지 기본적인 심리적 욕구가 있다고 말한다. 나의 방황은 바로 이 세 가지가 모두 결핍된 상태였다. 부모님의 영향력 아래 있었기에 자율성이 부족했고, 뚜렷한 성취 없이 겉돌았기에 유능감을 느끼지 못했으며, 피상적인 관계 속에서 관계성 또한 채워지지 않았다. J 한방병원에 지원하겠다는 결심은 부모님의 반대를 무릅쓰고 스스로 선택했다는 점에서 자율성을, 가장 어려운 곳에 도전한다는 점에서 유능감을, 제대로 배우겠다는 목표를 통해 미래의 동료들과의 관계성을 회복하려는 나의 무의식적인 생존 본능이었다. 이 내재적 동기가 발현되는 순간 흩어져 있던 나의 에너지는 한 방향으로 모이고, 타인이 아닌 나의 삶을 살기 시작한다.

마음 처방

나만의 지도를 찾는 법

오랜 방황 끝에 길을 찾는 순간은 거창한 결심이나 극적인 사건보다는 사소하고 우연한 계기를 통해 다가온다. 중요한 것은 우연히 발견한 그 작은 불씨를 꺼뜨리지 않고 살려내어 커다란 횃불로 만들어내는 내면의 힘이다. 목표가 없는 삶이 무기력한 이유는 나의 에너지를 어디에 쏟아야 할지 모르기 때문이다. 흩어져 있던 나의 에너지를 한곳으로 모아줄 나만의 나침반을 찾는 과정은, 인생이라는 항해의 방향키를 내 손에 쥐는 가장 중요한 첫걸음이다.

1단계
마음이 끌리는 순간들 수집하기

우리의 내면은 우리가 무엇을 원하는지 이미 알고 있을 때가 많다. 하지만 사회가 정해놓은 정답과 타인의 기대라는 소음 속에서 내면의 목소리를 듣지 못할 뿐이다. 일상에서 이유 없이 나의 흥미를 끄는 작은 불씨들은 그 목소리가 우리에게 보내는 신호다. 서점에서 우연히 눈길이 간 책의 제목, 친구와의 대화 중 귀가 솔깃했던 주제. 이 사소해 보이는 끌림을 무시하지 않고 수집하는 것만으로도 우리는 안개 속에서 길을 알려주는 나침반의 바늘을 발견할 수 있다.

나에게는 동기가 무심코 던진 "J 한방병원에 지원

할 거야"라는 말이 바로 그 불씨였다. 지난 6년간의 방황 속에서 어떤 말도 내 마음을 움직이지 못했지만, 그 한마디는 이상하게도 내 마음에 파문을 일으켰다. 제대로 배우고 싶다는, 나조차 잊고 있던 내면의 욕구를 건드렸기 때문이다. 진로 문제로 고민하던 환자에게도 비슷한 조언을 한 적이 있다. 나는 그에게 무엇을 할지 결정하기 전에 앞으로 한 달간 무엇을 할 때 기분이 좋은지를 매일 기록해보라고 했다. 그는 고양이 동영상을 볼 때, 오래된 가구를 수리할 때, 친구의 고민을 들어줄 때 등을 적어 왔다. 그리고 얼마 후, 그는 그 기록을 보며 동물 매개 심리치료에 대해 공부를 시작했다. 거창한 계획은 아니어도 내 마음이 보내는 작은 신호들을 따라갔을 때 진짜 길이 보이기 시작한 것이다.

2단계
작게 시작하고, 빠르게 실패하기

마음이 끌리는 방향을 찾았다면 일단 시작해보는

것이 중요하다. '이 길이 맞을까?' 하는 고민은 실패에 대한 두려움만 키울 뿐이다. 우리는 행동을 통해 생각하고 경험을 통해 배운다. 직접 부딪혀보며 얻는 성공과 실패의 경험들이야말로 막연한 상상을 현실적인 계획으로 바꿔주는 가장 확실한 검증 과정이다.

만약 내가 '제대로 배우고 싶다'는 열망만 가진 채 아무것도 하지 않았다면, 그 열망은 곧 사라졌을 것이다. 하지만 나는 '병원에 지원한다'는 구체적인 행동으로 그 불씨를 키웠다. 최근 퇴사 후 창업을 고민하던 한 내담자는 실패에 대한 두려움으로 몇 달째 계획만 세우고 있었다. 나는 그에게 완벽한 사업 계획서 대신 이번 주말에 당장 자신의 아이디어를 주변 친구 열 명에게 설명하고 피드백을 받아보라는 과제를 내주었다. 그는 과제를 하는 중에 자신의 아이디어가 가진 문제점과 가능성을 동시에 발견했고, 해볼 만하겠다는 자신감을 얻어 다음 단계로 나아갈 용기를 얻었다. 생각의 감옥에서 벗어나는 유일한 길은 아주 작은 것이라도 직접 실행해보는 것이다.

3단계
'왜'라는 질문 반복하기

내가 목표를 세웠을 때, 그 목표 이면에 있는 진짜 동기를 아는 것은 매우 중요하다. '무엇을 할 것인가'는 언제든 바뀔 수 있지만 '왜 그 일을 하는가'는 나의 행동을 지탱하는 뿌리가 되어준다. "나는 왜 이 일을 하고 싶은가?"라는 질문을 스스로 반복하며 내면의 깊은 욕구를 발견하는 것은 흔들리지 않는 단단한 목표를 세우는 과정이다.

내가 J 한방병원에 가고 싶다고 생각했을 때, 그 표면적인 목표 뒤에는 제대로 배우고 싶다는 욕구가 있었고, 그 뒤에는 실력 있는 의사가 되고 싶다는 욕구, 더 깊은 곳에는 타인에게 의미 있는 도움을 주고 싶다는 핵심적인 가치가 숨어 있었다. 이처럼 자신만의 이유가 있는 사람은 쉽게 흔들리지 않는다. 눈앞의 목표가 좌절되더라도, 핵심 가치를 실현할 수 있는 다른 방법을 찾아 나설 수 있기 때문이다. 예를 들어, 만약 내가 입사에 실패했더라도 타인에게 의미 있는 도움을 주고 싶다는 나의 핵심 가치를 알고 있었다면 나는 다른 병원에 지원하거나 의료 봉사를 가거나 혹은 다른 방식으로 그 가치를 실현하려 노력했을 것이다. '왜'라는 질문을 반복하는 것이야말로 긴 방황을 끝내고 어떤 상황에서도 나만의 길을 걸어갈 수 있는 단단한 힘이다.

작은 회복

방황은 새로운 길의 시작이다

자유라는 이름 아래 보냈던 방황의 시간은 결코 헛되지 않았다. 그것은 캔버스에 무엇을 그려야 할지 몰라 망설이고, 여러 물감을 섞어보며 나만의 색을 찾아가던 과정이었다. 사람에 부대끼며 나의 부족함을 알게 되었고, 텅 빈 방 안에서 나의 외로움과 마주했으며, 얕은 관계 속에서 내가 원하는 깊은 연결이 무엇인지를 깨닫게 되었다.

많은 청년이 방황하는 자신을 자책한다. 남들은 모두 앞서가는 것 같은데 나만 홀로 제자리에 멈춰 있는 것 같아 불안해한다. 하지만 씨앗이 땅속에서 보내는 시간은 뿌리를 내리는 과정이다. 당신의 방황 역시 당신이라는 나무가 더 높이 자라기 위해 깊고 단단하게 뿌리내리는 시간일지 모른다.

청년뿐만이 아니다. 안정적인 직장을 박차고 나와 자신만의 사업을 시작했지만 예상치 못한 어려움 앞에서 자신이 옳은 선택을 한 건지 혼란스러운 창업가, 결혼 후 누군가의 아내 혹은 엄마라는 역할 속에서 진짜 나는 누구인가라는 질문을 던지게 되는 여성, 평생을 한 직장에서 헌신하다 은퇴한 뒤 갑자기 주어진 시간 앞에서 무엇을 해야 할지 몰라 막막해하는 중년. 그들 모두 인생의 전환점에서 각기 다른 모습으로 방황을 겪는다.

그러니 부디 길을 잃은 자신을 너무 다그치지 말아달라. 진정한 자유는 규칙이 없는 상태가 아니라, 스스로 규칙을 만들 수 있는 힘에서 나온다. 그리고 그

힘은 이처럼 치열한 방황의 끝에서 내면의 목소리를 발견했을 때 비로소 생겨나는 법이다. 당신의 공허함과 외로움은 당신이 길을 잘못 들었다는 신호가 아니라, 이제 진짜 당신의 길을 찾아 떠나야 할 때가 왔다는 초대장이다.

도망치기는 나약함이 아닌 회복의 시작이다

J 한방병원 인턴. 그 이름은 나에게 설렘이자 자부심이었다. 하지만 내가 상상했던 이상적인 병원 생활의 모습은 입사 첫날부터 산산조각 났다. 환하게 웃는 선배들의 환영을 받으며 차근차근 업무를 배울 거라는 기대는 병원의 모든 의료진 전화번호를 암기하지 못하면 불호령을 당하는 현실에 사라져버렸다. 신입이니 실수해도 너그럽게 이해해주겠다는 상상 속의 말은 인격을 깎아내리는 막말이 되어 돌아왔다. 그곳의 위계는 군대와 같았고, 업무는 내 한계를 끊임없이

시험할 정도로 고됐다.

나중에 들은 이야기지만 나는 시작부터 불리한 위치에 있었다. 전국 한의대 졸업생들을 두고 의국 선배들이 열었던 품평회에서 누군가 내 험담을 했던 것이다. 그 사람은 대학 시절 말을 놓고 지낼 정도로 친했던 1년 선배였다. 그가 나를 두고 '학생 때 놀기만 하면서 친구들한테 인기 좋고, 할 줄 아는 것 많다고 으스대는 놈'이라고 얘기했으니 선배들이 나를 좋게 볼 리가 없었다. 작은 실수 하나에도 "학생 때는 잘 놀았다면서 이런 거 하나 제대로 못 하나?"라는 비아냥이 날아왔다.

전자 차트가 있음에도 군기를 잡는다는 명목하에 우리는 손으로 차트를 쓰는 '수기 차트' 작업을 강요당했다. 앉아서 쓰는 것조차 허락되지 않았다. 간호사들이 앉아 있는 데스크 옆에 죄인처럼 서서 허리를 숙인 채 수십 장의 차트를 써 내려갔다. 진료과장들은 들여다보지도 않는, 오직 우리를 괴롭히기 위한 일이었다. 글씨가 마음에 안 든다는 이유로 차트가 눈앞에서 찢겨나가는 날이면 욕설을 삼키며 처음부터 다시 써야 했다.

나는 불의를 보면 참지 못하고 비합리적인 상황을 견디지 못하는 사람이었다. 그것은 자존심이 강한 것과는 조금 다른, 내가 세상을 이해하는 방식의 문제였다. 나는 이유 있는 고됨은 견딜 수 있었지만, 이유 없는 부조리는 받아들일 수 없었다. 그런 나의 성향은 병원의 수직적인 문화와 사사건건 충돌했다. 선배들이 인턴장을 하라고 지시했을 때, 나는 그 부당한 명령 체계에 편입되기 싫다는 마음에 거절했다. 결국 동기 형과 가위바위보를 하는 소극적인 반항으로 그 자리를 넘겼지만, 지시에 즉각 복종하지 않는 나를 그들이 좋아했을 리 없었다.

그곳의 밤은 특히나 가혹했다. 얼마 없는 오프 날이면 어김없이 선배들의 호출이 왔다. 술자리에 불러 서로의 뒷담화를 시키며 이간질했고, 병원 여직원 중 누가 예쁘냐는 식의 저질스러운 질문을 던졌다. 그리고 그 대답을 다음 날 온 병원에 소문내며 우리를 조롱거리로 만들었다. 한번은 대학 시절 교제했다가 헤어진 여자 동기가 우연히 병원에 함께 입사한 사실을 선배들이 알게 되었는데, 그 후로 그 동기가 적응을 힘들어할 때면 "네가 챙겨줘야 하는 거 아니냐"며 비아냥거렸다. 그때는 이게 사람 사는 사회인가 하는 의문이 들었다. 존경심은 사라진 지 오래였다.

한번 시작된 술자리는 새벽까지 이어졌고 그들은 술에 취한 채로 인턴 숙소로 들이닥쳤다. 자는 우리를 깨워 24시간 중국집에 음식을 시키고는 다 먹지 못하면 잠을 재우지 않기도 했다. 사소한 꼬투리를 잡아 인턴 전체의 외출을 금지시켜 동기들끼리 서로를 원망하고 비방하게 만드는 교묘한 통제까지. 그곳은 회사가 아니라 완벽한 군대였다.

그런 분위기 탓에 여름이 되기 전 인턴 중 절반이 짐을 쌌다. 하지만 선배들은 남은 인턴들의 일을 줄여주기는커녕 군기가 빠져서 그렇다며 우리를 더 몰아붙였다. 나는 점점 말이 없어졌다. 병원으로 향하는 발걸음은 천근만근 무거웠고 점심시간이면 시끄러운 식당 대신 화장실 칸으로 숨어들었다.

하루는 대학 동아리 후배들이 단체로 나를 찾아왔다. 선망의 병원에서 일하는 선배를 보겠다며 찾아온 그들의 얼굴에는 부러움과 존경이 가득했다. 병원에서는 최하위 존재였지만, 후배들 앞에서는 잠시 잊었던 예전의 내 모습을 되찾은 기분이었다. 마음이 풀어져 새벽까지 술을 마시고 그대로 잠이 들었다. 다음 날 아침 눈을 떴을 때, 출근해야 한다는 사실이 거대한 절망이 되어 나를 덮쳤다. 그래서 출근을 포기했다. 휴대폰에 수십 통의 부재중 전화가 찍혀 있었지만 병원으로 가지 않았다.

'여기서 더 버티면 내가 무너질 것 같다.'

그게 내 마음의 소리였다. 나 자신을 잃어버린 채 환자를 보는 것은 기만이라고 느껴질 정도였다.

오후에 후배들을 다시 만나 점심을 먹고 헤어지는데, 이런 나의 마음을 알았는지 오히려 그들이 나를 위로했다.

"형, 여기서 포기하지 마세요. 다시 들어가서 형님의 멋진 모습 보여주세요."

후배들의 진심 어린 응원에 부끄러움과 함께 정신이 번쩍 들었다. 끈기 하나로 버텨온 나인데, 후배들에게도 끈기만 있다면 해낼 수 있다고 보여줘야 하는

데. 왜 여기서 끝내려고 하는 걸까 하는 메아리가 마음속에 울려 퍼졌다. 나는 발걸음을 돌려 다시 병원으로 들어갔다. 누구도 나를 반기지 않았다. 선배들에게 보고한 후, 교육부장과 의국장에게 불려가 길고 긴 훈계를 들었다. 모든 질책이 끝나고 고개를 들지 못하는 나에게 의국장 선배가 던진 말이 심장에 박혔다.

"힘들면 도망갈 수도 있고, 포기할 수도 있다. 하지만 적어도 네가 담당하는 환자들에게는 그런 행동이나 생각이 통하지 않아. 너는 지금 동료들을 버린 것뿐만 아니라, 환자를 내팽개친 한의사라는 점을 평생 반성해야 한다."

그 순간 나는 깨달았다. 나는 누군가의 후배이기 이전에 환자를 치료하는 한의사라는 것을.

상처 읽기

나를 잃어버린 곳에서 소명을 발견하다

무단결근을 했던 날 아침의 절망감은 단순히 출근하기 싫다는 투정이 아니었다. 그것은 한 개인이 거대한 시스템의 폭력에 자아를 완전히 상실해가는 과정에서 터져 나온 마지막 비명이었다. 병원이라는 시스템은 나에게서 '한창이라는 개인'의 모든 것을 지우려 했다. 나의 논리, 신념, 감정은 모두 쓸데없는 자존심으로 치부되었고, 오직 복종하고 순응하는 '인턴'이라는 역할만이 강요되었다. 나는 매일 밤 나 자신을 잃어버리고 있다는 감각과 싸워야 했다.

도망치고 싶던 마음의 가장 깊은 곳에는 기만에 대한 두려움이 있었다. 이미 내 안이 텅 비어버렸는데 어떻게 환자 앞에서 아픈 사람을 위로하고 치료하는 척 연기할 수 있단 말인가. 나 자신조차 구원하지 못하면서 누구를 구원한단 말인가. 나의 도망은 더 이상 누구도 기만할 수 없다는, 어쩌면 인간으로서 마지막 남은 정직함의 발로였을지도 모른다. 그것은 '나를 지키기 위한' 필사적인 몸부림이었다.

하지만 후배들의 응원과 의국장 선배의 질책은 전혀 다른 차원의 질문을 나에게 던졌다. 나는 그때까지 나의 고통을 나와 조직 사이의 문제로만 생각하고 있었는데, 그들은 내가 전혀 보지 못했던 중요한 존재, 바로 '환자'를 보게 만들었다. 의국장 선배는 나의 개인적인 감정이나 자존심의 문제를 넘어 한의사라는 직업적 정체성의 본질을 일깨워주었다. 내가 힘들다는 게 아픈 환자에게는 아무런 변명이 될 수 없다는 사실. 나의 도망이 동료뿐 아니라 나를 믿고 의지하는 환자를 버리는 행위였다는 서늘한 깨달음.

그제야 나의 정체성은 '인정받고 싶은 나', '무시당하고 싶지 않은 나'와 같은 자아Ego 중심에서, '환자를 책임져야 하는 사람'이라는 더 크고 단단한 소명 의식으로 전환되었다. 자아가 무너진 바로 그 자리에 진정한 직업적 정체성이 싹튼 것이다. 나를 지키기 위해 도망쳤던 내가, 환자를 지키기 위해 돌아가야 한다는 것을 깨달은 순간 나는 비로소 진짜 의사로서의 첫걸음을 뗀 것일지도 모른다.

마음 처방

부조리한 세상 속에서 나를 지키는 마음 방어술

살다 보면, 때로 문제는 자신이 아니라 내가 속한 환경이나 시스템일 때가 있다. 부조리한 조직, 부당한 관계 속에서 우리는 쉽게 자책하고 무너진다. 이런 상황에서 가장 중요한 것은 내면의 자아를 지켜낼 수 있는 심리적 방어 기술을 익히는 것이다. 맹목적으로 버티기만 하는 것이 능사는 아니다. 단순히 힘든 시간을 견디는 것을 넘어 나 자신을 잃지 않고 성장하기 위한 전략을 익혀야 한다.

1단계
'나'와 '역할' 분리하기

조직이 가하는 비난과 공격은 나를 향한 것이 아니라 나의 역할을 향한 것일 때가 많다. 이 둘을 분리하지 못하면 역할에 대한 비난이 나의 존재 가치에 대한 부정으로 이어진다. 퇴근 후에는 의식적으로 역할의 옷을 벗어 던지고 온전한 나로 돌아오는 심리적 의식이 필요하다. '오늘 지적받았던 것은 인턴이었던 나지, 나 자신이 아니야'라고 되뇌는 것이다. 역할과 나 사이에 마음의 방화벽을 세우는 연습은 외부의 공격으로부터 내면의 자아를 지키는 기본적인 방어막이 되어준다.

얼마 전, 감정 노동으로 소진되어 찾아온 백화점 직원을 상담한 적이 있다. 그는 고객의 무리한 요구와 폭언에 시달리면서 스스로 쓸모없는 사람이라는 생각에 점차 빠져들고 있었다. 나는 그에게 퇴근 후 집에 돌아오면 현관문 앞에서 눈을 감고 백화점 직원 유니폼을 벗어 아들과 친구로서의 평상복으로 갈아입는 상상을 해보라고 조언했다. 처음에는 어색해했지만 그는 매일 이 의식을 반복하면서 고객의 공격이 자신이 아닌 직원이라는 역할을 향한 것이었음을 점차 깨닫게 되었다. 이 작은 상상 하나가 그의 무너진 자존감을 지켜주는 단단한 방화벽이 되어준 셈이다.

2단계
핵심 가치에 닻 내리기

부조리한 환경이 나를 흔들 때, 우리는 그 안에서 나만의 의미를 찾아야 한다. 시스템이 나를 인정하지 않는다면 스스로 나의 행동을 인정하고 의미를 부여해야 한다. 의국장 선배의 말이 나에게 '환자에 대한 책임'이라는 의미를 되찾게 해주었던 것처럼 말이다. 지금 하는 일이 무의미하게 느껴질 때, 그럼에도 내가 이 일을 통해 지키고 싶은 가장 중요한 가치는 무엇인지 자문해야 한다. 고객과의 소통, 동료에게 베푸는 친절, 완벽하진 않더라도 최선을 다한 과정. 그 작은 의미에 마음의 닻을 내릴 때 우리는 거친 파도 속에서도 표류하지 않을 수 있다.

나를 다시 일으켜 세운 것은 의국장 선배의 질책 속에 담겨 있던 한 문장이었다. 그전까지 나의 목표는 그저 버티는 것이었지만 그 순간 나의 존재 이유는 환자를 돌보는 것으로 재정의되었다. 그 이후로도 선배들의 부조리한 괴롭힘은 여전했지만 전처럼 깊게 상처 입지는 않았다. 그들의 비난보다 나의 환자를 돌보는 일이 훨씬 더 중요하고 의미 있었기 때문이다. 나의 핵심 가치가 '인정받는 후배'에서 '책임감 있는 의사'로 바뀌는 순간, 그들의 평가로부터 자유로워질 수 있었다.

3단계
외부 연결망 확보하기

고립은 독이다. 힘든 환경일수록 우리는 의식적으로 외부와의 연결을 유지해야 한다. 나의 가치를 역할이 아닌 존재 자체로 인정해주는 가족, 친구, 멘토와의 소통은 필수적이다. 후배들의 응원이 나를 다시 일으켜 세웠던 것처럼 외부의 시선은 내가 처한 상황을 객관적으로 보게 하고, 무너진 자존감을 회복시켜주는 강력한 지지대가 된다. 힘든 상황에 대해 솔직하게 털어놓고 위로와 지지를 구할 수 있는 심리적 안전지대를 의식적으로 구축하고 관리해야 한다.

나에게는 병원으로 찾아와주었던 대학 후배들이 심리적 안전지대였다. 병원 안에서는 누구도 나를 인정해주지 않았지만 후배들에게 나는 여전히 존경받는 선배였다. 그들과 보낸 짧은 시간은 내가 무능한 인턴이라는 역할에 완전히 매몰되지 않도록 나를 붙잡아준 생명줄과도 같았다. 힘든 시기를 겪고 있다면, 의식적으로 약속을 잡아 나의 안전지대가 되어주는 사람들을 만나야 한다. 그것은 단순한 만남이 아니라 나의 무너진 내면을 복원하고 다시 싸울 힘을 얻는 중요한 치료 행위다.

작은 회복

무너진 자리에서 일어설 동기를 찾다

인턴 시절은 내 인생에서 가장 어둡고 고통스러운 시간 중 하나였다. 하지만 아이러니하게도, 가장 중요한 것을 배운 시간이기도 했다. 나는 그곳에서 나의 자존심이 얼마나 연약한지, 나의 신념이 얼마나 쉽게 흔들리는지를 처절하게 깨달았다. 그리고 모든 것이 무너져 내린 바로 그 자리에서 내가 왜 이 길을 가야 하는지 깨달았다.

나의 이야기는 병원이라는 특수한 공간에서 일어난 일이지만, 이러한 부조리한 시스템과 개인의 충돌은 도처에서 다른 얼굴로 반복된다. 예를 들어, 큰 꿈을 안고 입사한 신입사원이 수직적인 조직 문화와 매일같이 부딪히는 상황을 생각해보자. 그의 창의적인 아이디어는 세상 물정 모르는 소리로 치부되고, 뜨거운 열정은 아직 뭘 몰라서 그렇다는 냉소의 대상이 된다. 그는 살아남기 위해 점점 자기 의견을 죽이고 조직의 논리에 순응하는 법을 배운다. 그 과정에서 그는 월급을 얻는 대신, 자기 자신을 잃어버리고 있다는 감각에 시달린다.

가정 안에서도 비슷한 일은 벌어진다. 안정적인 미래를 바라는 부모님의 기대와 예술가의 삶을 꿈꾸는 자녀의 열망이 충돌할 때, 가정은 견고한 지지대가 아닌 답답한 감옥이 되기도 한다. "다 너 잘되라고 하는 소리"라는 말은 사랑이라는 이름의 압박이 되고, 자녀는 자신의 꿈을 지키기 위해 불효자가 되거나 꿈을 포기하고 착한 자녀로 남는 선택의 기로에 놓인다. 이처럼 시스템의 논리는 때로 회사의 보고서 혹은 가족의 사랑이라는 얼굴로 우리를 찾아오기도 한다.

우리는 종종 상처받거나 실패하지 않고 성장하기를 바란다. 하지만 단단한 근육이 미세한 상처가 회복되는 과정에서 생겨나듯, 우리의 내면 또한 깊은 상처와 좌절을 겪고 회복되는 과정에서 더욱 견고해진다. 내가 겪었던 도망과 복귀 그리고 질책의 시간은 나의 연약한 자아를 깨뜨리고 그 자리에 단단한 소명 의식을 심어주었다.

혹시 지금 부당한 현실 앞에서 무력감을 느끼거나 도망치고 싶은 마음과 싸우고 있는 사람이 있다면 말해주고 싶다. 도망치는 것은 부끄러운 일이 아니라고. 때로는 멀리 도망쳐야만 내가 원래 서 있던 자리를 제대로 볼 수 있고, 모든 것을 잃었다고 생각했을 때 소중한 것을 발견하게 되기도 한다고 말이다. 앞서 말한 신입사원은 고객의 감사 편지 한 통에서, 예술가를 꿈꾸던 자녀는 자신의 작품에 감동하는 관객에게서 자신의 길을 계속 걸어가야 할 이유를 발견할지도 모른다.

시련이 당신을 무너뜨리는 데서 끝나지 않고, 삶의 의미를 발견하게 하는 성장의 발판이 되기를 진심으로 바란다. 당신을 일으켜 세울 그 단단한 이유는 무엇인가. 당신의 '환자'는 누구인가. 그 답을 찾을 수만 있다면 당신은 또 무너지더라도 다시 일어설 수 있을 것이다.

속도의 불일치가
자아를 흔들 때

내가 수련을 받던 2007년 무렵, 한의사는 졸업생의 10퍼센트 정도만 전문의 과정을 지원했다. 6년간의 학부 과정을 마친 뒤에도 병원에 남아 인턴 1년, 레지던트 3년이라는 도합 4년의 시간을 더 보내야 하는 길이었다. 매일같이 이어지는 당직과 수많은 환자 그리고 끊임없는 공부와 시험을 감내해야만 얻을 수 있는 자격이었기에 대부분은 더 빠르고 안정적인 개원의 길을 선택했다.

나는 그 좁은 문을 통과해 한방신경정신과 전문의

라는 타이틀을 얻어냈고, 어느새 군 복무를 할 시기를 맞았다. 군의관과 공중보건의라는 두 갈래 길 중, 운명의 흐름은 나를 공중보건의로 이끌었다. 그리고 나는 운 좋게도 서울과 멀지 않은 경기도 가평의 보건소로 배치받았다.

신혼이자 세상 물정 모르는 부부였던 나와 아내는 내가 가평으로 배치를 받자, 바로 그곳에 가서 집을 구하려 했다. 하지만 계약 당일 집주인이 값을 올리는 바람에 계획은 무산되었다. 결국 서울과 가까운 남양주에 전셋집을 얻어, 매일 버스로 오십 분, 자차로 삼십 분 거리의 가평으로 출퇴근하는 공중보건의 생활을 시작했다.

치열했던 전공의 시절의 관성이 내 몸에 깊이 배어 있던 탓일까. 나는 출근하자마자 적극적으로 진료에 임했다. 함께 일하던 다른 한의사는 일반의 출신이었기에 자연스레 주 진료는 나의 몫이 되었다. 나는 환자들의 만족도를 위해 보건소에서 시행하지 않던 뜸이나 부항 같은 새로운 시술들을 적극적으로 도입하기도 했다.

사실 마음 한구석에는 이미 개원해서 자리를 잡은 동기들에게 뒤처지고 있다는 조급함이 있었다. 그 조급함은 여기서라도 환자를 더 많이 봐야 한다는 강박관념이 되어 나를 채찍질했다. 그 결과 한가했던 보건소 한의과 진료실은 하루에 적게는 사십 명, 많게는 백 명 가까운 환자들이 몰려들며 인산인해를 이루었다.

하지만 시스템은 나의 열정을 반기지 않았다. 평소 적은 환자에 익숙했던 한의과 담당 직원의 입은 시시때때로 삐죽거렸고, 내가 검사를 의뢰한 의과 진료실의 의사는 검사 결과 보고도 없이 환자를 돌려보내는 식으로 불편한 심기를 드러냈다. 결정타는 지역 한의원에서 걸려오는 전화였다.

"아이고, 후배님 안녕하세요. 근처 한의원 원장입니다. 좀 쉬엄쉬엄하세요. 언제 식사 한번 해요."

부드러운 말투 속에 날카로운 경고가 담긴 전화는 내 마지막 의지를 꺾기에 충분했다. 언제나 앞만 보고 달리던 내 성격이 불필요한 마찰을 일으키고 있다는 생각이 들었다.

'그래, 누가 칭찬해주지도 않는데 왜 나 혼자 이렇

게 애쓰고 있지?'

그 생각은 결국 환자가 하루 십여 명 남짓한 보건지소로의 전출 요청으로 이어졌다. 나는 그렇게 더 조용하고 한적한 곳으로 스스로를 유배 보냈다. 그리고 그곳에서 점점 타성에 젖어갔다.

문제는 공중보건의 3년 차, 마무리 연차가 되었을 때 찾아왔다. 편안함에 익숙해진 마음 위로 극한의 불안감이 검은 그림자처럼 드리워지기 시작했다.

'이제 곧 사회로 돌아가야 하는데 나는 무엇을 해야 하지? 좋지 않은 기억이 있는 병원에 다시 입사해야 하나? 아니면 이 근처에 작은 한의원이라도 내야 하나?'

3년간의 정체는 나에게서 자신감을 앗아갔다. 나는 미래에 대한 갈피를 잡지 못한 채 불안하고 위축된 하루하루를 보내고 있었다.

상처 읽기

멈춤이 주는 불안, '보어아웃'이라는 함정

우리는 흔히 너무 많은 일과 스트레스로 인해 소진되는 현상인 '번아웃'에 대해 익숙하게 이야기한다. 하지만 그 반대의 상황, 즉 충분한 능력을 가졌음에도 불구하고 자신의 역량을 발휘할 기회가 없거나 과도하게 단조로운 업무 환경 속에서 의욕과 의미를 상실해가는 '보어아웃Boreout'의 위험성에 대해서는 잘 알지 못한다. 나의 공중보건의 시절은 바로 이 보어아웃의 함정에 빠져드는 과정이었다.

전공의 시절, 나는 '치열하게 환자를 보는 의사'라는 뚜렷한 정체성을 지니고 있었다. 그런 열정은 내게 자부심이기도 했다. 그러나 보건소라는 새로운 환경은 그런 나를 반기지 않았고, 오히려 나의 열정을 시스템의 안정을 해치는 불협화음으로 여겼다. 나를 그간 지탱해오던 외부의 인정이라는 외적 동기가 힘을 잃게 된 것이다. 아직 내적인 동기가 단단히 자리 잡지 못했던 나는, 결국 외부의 인정이라는 연료가 끊기자 그대로 멈춰 설 수밖에 없었다.

보건지소로의 전출은 단기적으로는 갈등을 피할 수 있는 현명한 선택처럼 보였다. 하지만 장기적으로는 나를 '컴포트 존'이라는 안락한 감옥에 가두는 결과를 낳았다. 도전과 성취 경험이 사라진 일상에서 나의 직업적 정체성은 서서히 침식되었다. '치열하게 환자를 보는 의사'였던 나는 점차 '타성에 젖은 공무원'이 되어갔고, 이런 정체성의 변화는 복귀를 앞둔 시점에서 '나는 이제 아무것도 할 수 없는 사람이 아닐까' 하는 극심한 불안으로 나타났다. 이는 빠르게 달리던 사람이 갑자기 멈춰 섰을 때, 안도감보다 오히려 어지러움을 느끼는 것과 같은 이치다.

마음 처방

멈춰버린 세상 속에서 나만의 속도를 찾는 법

우리의 삶은 언제나 전력 질주할 수 있는 고속도로 위에만 있는 것이 아니다. 때로는 신호등에 멈춰 서야 하고 때로는 안갯속에서 길게 정체된 시간을 보내야 한다. 이처럼 외부 환경이 나의 속도를 허락하지 않을 때, 우리는 무력감에 빠지거나 타성에 젖기 쉽다. 중요한 것은 정체된 순간에도 나만의 동력을 잃지 않고 다시 달릴 날을 준비하는 내면의 힘을 기르는 것이다.

1단계

스스로 동기 부여하기

외부의 인정이나 평가(월급, 승진, 칭찬)가 나의 유일한 동기일 때, 우리는 환경의 변화에 쉽게 흔들린다. 이때 필요한 것이 바로 '내면의 성과표'를 만드는 것이다. 직업적 요구와는 별개로 나 자신의 성장을 위한 개인적인 목표를 설정하고 매일 그것을 점검하는 습관이다. 예를 들어, '일주일에 논문 한 편 읽기', '새로운 치료법에 대해 공부해보기', '하루 삼십 분 관심 분야 책 읽기' 등이다. 외적인 보상이 없더라도 내면의 성과표에 매일 작은 성공의 기록을 채워나가는 과정은 자기효능감을 유지하게 하는 강력한 힘이 된다.

최근 대기업에서 일하다 번아웃으로 찾아온 환자가 있었다. 그는 승진에 실패한 뒤로 회사에서 아무런 의욕을 느끼지 못하고 투명 인간처럼 지낸다고 했다. 나는 그에게 업무일지를 쓰되, 회사에 제출할 보고서가 아닌 자신을 위한 성장 보고서를 써보라고 조언했다. '오늘 새롭게 알게 된 엑셀 단축키 하나', '어색했던 동료에게 먼저 웃으며 인사하기' 등 아주 사소한 성취를 매일 기록하게 했다. 몇 주 뒤, 그는 "여전히 회사는 나를 알아주지 않지만, 적어도 어제의 나보다는 성장하고 있다는 사실을 알게 되니 조금은 버틸 힘이 생겨요"라고 말했다. 외부의 평가와 상관없이 나만의 성과를 측정하기 시작할 때 우리는 비로소 외부 환경의 주인이 될 수 있다.

2단계
멈춤을 개발의 시간으로 투자하기

정체된 시간을 낭비라고 생각하기 십상이지만, 사실 미래를 위한 투자의 시간이 될 수 있다. 물리적, 정신적 여유가 생겼을 때 그 시간을 수동적으로 흘려보내는 대신 미래의 나를 위한 '성장의 씨앗'으로 삼는 것이다. 새로운 언어를 배우거나 다음 경력에 필요한 자격증을 준비하거나 나와 다른 분야의 사람들과 교류하며 네트워크를 쌓는 등 현재의 멈춤을 다음 단계로의 도약을 위한 준비 기간으로 재정의하는 지혜가 필요하다. 이는 정체된 시간을 능동적으로 가꾸는 가장 효과적인 방법이다.

돌이켜보면, 환자가 뜸했던 보건지소에서의 시간은 나에게 주어진 황금 같은 기회였다. 하지만 당시의 나는 그 시간을 무력감 속에서 흘려보냈다. 만약 그때의 나에게 조언할 수 있다면 나는 이렇게 말해주고 싶다.

"남는 시간에 전공의 시절 바빠서 읽지 못했던 깊이 있는 의학 서적을 탐독해봐. 아니면 언젠가 너의 이야기를 책으로 쓸지도 모르니, 매일 너의 감정과 생각을 글로 남겨보는 건 어때?"

정체된 시간 속에서 뿌려놓은 작은 씨앗 하나가 훗날 예상치 못한 순간에 거대한 숲을 이루는 법이다.

3단계

정체성을 다각화하여
하나의 역할에 나를 가두지 않기

나의 자존감이 의사라는 단 하나의 역할에만 묶여 있었기 때문에 그 역할을 제대로 수행할 수 없다고 느꼈을 때 나는 쉽게 흔들렸다. 이처럼 하나의 정체성에 자신을 가두는 것은 위험하다. 의식적으로 삶의 다른 영역에서의 정체성을 탐색하고 계발해야 한다. 나는 의사이면서 동시에 아들, 운동을 좋아하는 사람, 새로운 것을 배우는 학생일 수 있다. 직업적 성취감이 잠시 주춤할 때, 삶의 다른 영역에서 얻는 만족감은 우리를 지탱해주는 심리적 안전망이 되어준다.

  당시의 나는 의사라는 역할의 상실감에만 매몰되어 있었다. 하지만 그때의 나는 동시에 '신혼의 남편'이라는 아주 중요한 역할을 가지고 있었다. 만약 내가 '의사 한창'으로서의 정체성을 잠시 내려놓고, '남편 한창'으로서의 역할에 더 집중했다면 어땠을까. 아내와 함께 가평의 아름다운 곳들을 여행하고, 함께 맛있는 음식을 해 먹으며 우리 부부만의 추억을 쌓았다면, 나는 아마 직업적 정체기에서 오는 불안감을 훨씬 더 건강하게 이겨낼 수 있었을 것이다. 하나의 문이 닫혔을 때 다른 창문을 여는 유연함. 그것이 바로 예측 불가능한 인생의 파도를 안전하게 항해하는 지혜다.

작은 회복

모든 속도에는 그 의미가 있다

 가평에서의 3년은 나에게서 많은 것을 앗아간 시간처럼 느껴졌다. 치열함을 잃고, 자신감을 잃고, 나아가야 할 방향마저 잃게 했다. 하지만 그 시간이 있었기에 내가 무엇을 위해 달리는지에 대한 근본적인 질문을 스스로 던질 수 있었다. 외부의 경쟁이나 타인의 인정이 아닌, 내 안에서 타오르는 진짜 동기가 무엇인지 깊이 고민하게 된 것이다.

 이런 이야기는 비단 공중보건의만의 경험은 아닐 것이다. 때로는 멈춰 서야 하고, 때로는 더디게 나아가야만 한다. 예를 들어, 야심 차게 입사하여 초고속 승진을 거듭하던 한 직장인이 있다고 생각해보자. 그는 언젠가 더 이상 오를 곳이 없는 임원 자리에 앉거나 거대한 조직의 관성에 부딪혀 새로운 도전을 할 수 없는 상황에 놓일 것이다. 그걸 깨닫는 순간 매일 반복되는 보고와 회의 속에서 그의 열정은 서서히 식어가고 한때 세상을 바꿀 것 같았던 자신감은 '이게 정말 내가 원했던 삶인가'라는 공허한 질문으로 바뀐다.

아이를 낳고 경력이 단절된 부모도 마찬가지다. SNS 속에서 여전히 화려하게 자신의 커리어를 쌓아가는 친구들의 소식을 볼 때마다 자신은 기저귀와 분유 속에 갇혀 세상으로부터 뒤처지고 있다는 불안감에 휩싸인다. 아이가 주는 행복과는 별개로 사회적 자아가 정체되어 있다는 느낌은 때로 깊은 무력감과 우울감을 동반한다.

빠르게 달리는 것만이 성공이고 멈춰 서 있는 것은 실패라고 생각하는 사회에서 우리는 쉽게 불안해진다. 하지만 모든 속도에는 나름의 의미와 역할이 있다. 전력 질주가 성취를 위한 시간이라면, 멈춤은 성찰을 위한 시간이다. 멈춰 서 있을 때 우리는 빠르게 달리느라 보지 못했던 풍경을 보게 된다. 내가 정말 가고 싶었던 길이 여기가 맞는지, 내 옆에서 함께 달리는 사람들은 누구인지, 나의 목적지는 어디인지를 차분히 돌아볼 수 있는 유일한 시간이다.

혹시 지금 당신의 삶이 정체되어 있다고 느끼는가? 주변 사람들은 모두 앞서가는데 나만 홀로 멈춰 서 있는 것 같아 불안한가? 그렇다면 그 시간을 자책과 무력감으로 채우지 말아달라. 당신은 길을 잃은 게 아니라 새로운 지도를 그릴 수 있는 절호의 기회를 잡은 것이다. 당신의 열정이 어디를 향하고 당신의 삶에 정말로 중요한 것은 무엇이며 당신의 진짜 속도는 어떠한지를 발견할 수 있는 소중한 시간이다. 조급해하지 않아도 괜찮다. 가장 멀리 가는 사람은 멈춰야 할 때 멈춰서 자신의 내면을 깊이 들여다볼 줄 아는 사람이니까.

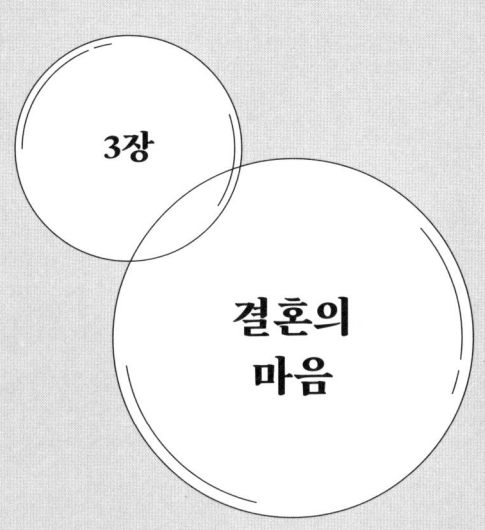

3장

결혼의 마음

가족과 사랑 사이에서
자아는 찢어지고 또 자란다

 학생 시절의 나는 제대로 된 연애를 해보지 못했다. 여러 사람을 만났지만 최장 연애 기간은 3개월을 넘지 못했다. 자유분방한 성격과 수많은 동아리 활동으로 연인에게 집중할 시간이 부족했고, 학년이 올라갈수록 더해지는 학업 스트레스는 관계에 몰입할 에너지를 앗아갔다. 무엇보다, 나는 갈등을 해결하는 법을 몰랐다. 사소한 다툼이 생기면 그것을 풀어내기보다 '새로운 사람을 만나면 그만'이라는 도피적인 생각으로 관계를 쉽게 정리해버렸다.

인턴 시절 만났던 비행 승무원과의 관계가 그랬다. 고된 당직 근무로 수면 부족에 시달리던 나에게, 그녀가 해외에서 새벽에 걸어오는 전화는 달콤함이 아닌 고문이었다. 그녀의 직업적 스트레스와 하소연을 들어주기에는 내 마음의 그릇이 너무나 작았다. 당시의 나에게 연애란 상대가 나를 이해하고 따라주는 것이라 믿었다. 나에게 무언가를 요구하거나, 따뜻한 모습을 보여달라는 요청은 버겁게 느껴졌다. 결국 나는 그 관계를 더 발전시키지 못하고 도망치듯 끝내버렸다.

전공의 과정을 밟으며 나는 하루하루 벼랑 끝에서 버티고 있었다. 몸은 지쳤고 마음은 이미 바닥이었다. 그러던 어느 날 저녁, 동기와 함께 의국에서 TV를 보는데 〈진실게임〉이라는 프로그램 말미에 '1등 신랑감을 찾습니다'라는 자막이 흘렀다. 동기와 나는 "우리 둘 다 1등 신랑감인데 지원해볼까?"라며 장난처럼 서로를 추천하는 메일을 보냈다.

장난으로 보낸 메일이었으나 방송작가에게서 연락이 오고 말았다. 동기와 나를 인터뷰하고 싶다는 내용이었다. 나는 인턴 주제에 겁도 없이 덜컥 응했고, 며

칠 뒤 병원 로비에서 작가님과 인터뷰를 했다. 결과는 나에게만 출연해달라는 연락이 왔다. 프로그램의 콘셉트는 일곱 명의 출연자 중 진짜 유부남을 찾는 것이었고, 나는 유부남인 척 연기해야 했다. 작가님은 색소폰을 불 줄 안다는 나의 이력을 보고는, 아내 역할인 장영란 씨에게 프러포즈하는 장면을 연출해달라고 주문했다. 나는 졸지에 과장님께 색소폰을 빌려 연습했고, 방송에서는 당시 유행하던 "내 아를 낳아도"라는 멘트로 어설픈 프러포즈를 했다.

영란 씨와는 방송을 계기로 연락을 시작하게 되었지만, 시작이 결코 녹록지 않았다. 그녀는 내가 만나자고 할 때마다 친구들과 함께 나오며 나와 가까워지기를 경계했고, 연락도 쉽게 되지 않았다. 다만 늦게라도 꼬박꼬박 답장을 보내주는 것이 그녀가 나에게 보내는 작은 관심의 신호였다(나중에 듣기로는, 나를 통해 다른 한의사를 소개받을 생각이었다고 한다).

나는 당시 활동하던 직장인 밴드 연습실로 그녀를 불렀고, 그곳에서 사귀자고 고백했다. 보통 고백 후에는 근사한 레스토랑에 가기 마련이지만 이른바 '촌놈'

이던 나는 분위기 좋은 곳이라며 근처 쌀국수집으로 그녀를 데려갔다. 그녀는 싫은 내색 하나 없이 맛있게 식사를 마쳤고 생각할 시간을 달라며 신중하게 대답했다. 일주일 뒤, 그녀는 나의 고백을 받아주었다.

그렇게 만나기 시작한 영란 씨는 내가 만나왔던 사람들과는 완전히 달랐다. 그녀는 나를 자신의 뜻대로 끌고 가려 하지도 않고 무엇보다 나를 한 인간으로서 존중해주었다. 나의 고된 수련의 과정을 묵묵히 들어주고 화려한 겉모습과 달리 현명한 조언으로 나의 흔들리는 마음을 잡아주었다. 그녀는 내가 병원 일에 집중할 수 있도록 늘 배려해주었다. 나는 그런 그녀에게 급속도로 빠져들었다. 몇 안 되는 오프 날이면 무조건 그녀를 만났고 내 세상은 온통 장영란으로 가득 찼다.

사랑에 빠진 내 모습은 나조차 신기했다. 세상이 다르게 보이고 주변 사람들에게 더 친절해졌으며 무엇보다 내가 사랑하는 사람에게 최선을 다하고 싶다는 마음이 샘솟았다. 그리고 동시에, 이렇게 사랑스러운 사람을 누군가에게 빼앗길지도 모른다는 불안감이 생기기 시작했다.

연애를 시작한 지 백 일이 조금 지났을 무렵, 나는 부모님께 그녀가 방송인이며 결혼하고 싶은 여자라고 선언했다. 부모님은 철없는 아들이 세상 물정 모르는 소리를 한다며 타박하셨다. 하지만 부모님은 두 가지를 간과하셨다. 연애 문제에 순종적이던 아들이 변했다는 것과 나는 반대에 부딪힐수록 더 고집을 부려 끝내 성공시키고 희열을 느끼는 성향이라는 점을.

부모님의 반대는 아내를 향한 내 사랑을 더욱 키웠다. 부모님과의 통화는 늘 결혼 문제로 시작해 서로에게 상처만 남긴 채 끝났다. 레지던트 1년 차, 병원 일에 가장 집중해야 할 시기에 나는 위태로운 연애에 모든 에너지를 쏟아부었고, 잦은 실수로 인해 선배들의 지적과 동기들의 외면을 받으며 병원 안에서 고립되어갔다. 지지를 얻고 싶어 만난 대학 동기들마저 부모님이 반대하는 결혼은 하는 게 아니라며 등을 돌렸다. 명절에 고향에 내려갔다가 부모님과 싸우고 세 시간 만에 다시 서울로 올라오던 그날 밤의 고독은 뼈에 사무쳤다.

세상 모두가 나의 적이 된 것 같았다. 하루는 단골

이던 술집을 찾았다. 익숙한 가게의 모습이 그날따라 낯설게 느껴졌다. 나와 친한 점장 형님은 내 표정을 보더니 무슨 일이 있느냐며 걱정스레 물었다. 그에게 복잡한 상황과 나의 마음을 전부 표현하지는 못했다. 하지만 다 말하지 않아도 안다는 듯한 표정으로 형은 내게 말했다.

"세상 살아보니 하고 싶을 때 해야지, 안 그러면 나중에 남 탓하게 되더라."

덤덤하게 건넨 한마디였지만 그 말이 내 마음에 가라앉아 있던 용기를 다시 수면 위로 끌어올렸다.

'내가 할 수 있는 모든 걸 해서 그녀를 지켜내자.'

나는 마지막으로 용기를 내어 영란 씨와 함께 연락도 없이 순천에 있는 부모님 가게로 향했다. 하지만 부모님은 매몰차게 만남을 거절하셨다. 서울로 돌아오는 차 안, 옆자리에서 조용히 눈물 흘리는 그녀를 보며 나는 결심했다. 부모님 없이 결혼하겠다고. 세상 모두가 반대하더라도 이 여자 하나만큼은 내가 지키겠다고. 그길로 바로 식장을 예약했고, 2009년 7월 영란 씨는 한 방송에서 나와 9월에 결혼한다고 공표했다. 나는 병원장님께 주례를 부탁드리고 주변에 청첩장을 돌리기 시작했다.

기사를 통해 소식을 접한 부모님은 부랴부랴 서울로 올라와 나를 말리셨지만 이미 늦었다는 것을 아셨을 것이다. 자식 이기는 부모 없다는 말처럼, 길고 길었던 싸움은 나의 승리로 끝이 났다. 그녀의 손을 잡고 결혼식장에 선 날, 나는 마음속으로 다짐했다.

'이 손은, 누구의 허락이 아니라 내가 선택한 믿음으로 잡는 것이다.'

상처 읽기

사랑은 어떻게 우리를 어른으로 만드는가

아내를 만나 결혼에 이르는 과정은 단순한 연애사가 아니었다. 그것은 한 사람이 미성숙한 자기중심적 세계를 깨고 나와, 관계 속에서 비로소 어른으로 성장하는 고통스러운 성장 기록이었다. 이전에 내가 맺었던 짧은 관계들은 나의 편안함과 안위를 최우선으로 하는 유아기적 사랑의 형태였다. 갈등이 생기면 해결하기보다 회피하고, 상대의 힘듦을 보듬기보다 나의 고단함을 먼저 내세웠던 모습이 바로 그 증거다.

진정한 사랑은 자기중심적인 세계에 균열을 낸다. 아내와의 관계는 1인칭 단수형 '나'가 아닌, 1인칭 복수형 '우리'라는 개념을 내 삶에 처음으로 불어넣었다. 그녀가 내게 준 존중과 지지는 나의 연약한 내면을 부끄러움 없이 들여다보게 했다. 그 따뜻함 속에서 나는 사랑이라는 감정이 설렘과 열정이 아니라, 한 사람의 세계를 온전히 책임지고자 하는 거룩한 의지에 가깝다는 것을 깨닫기 시작했다. 그렇게 불 지펴진, 그녀를 잃을지도 모른다는 불안은 역설적으로 내게 처음으로 관계를 지키기 위해 세상과 싸울 용기를 주었다.

이 과정에서 부모님과의 갈등은 필연적이었다. 이것은 심리학에서 말하는 '분리-개별화' 과정, 즉 자녀가 부모의 세계에서 벗어나 독립된 한 명의 성인으로 거듭나는 과정의 연장선이었다. 부모님의 반대는 내가 그들의 자녀라는 역할에서 벗어나 한 여성의 남편이라는 새로운 정체성을 선택하겠다는 선언이자 저항이었다. 내가 느꼈던 극심한 고립감은, 이처럼 낡은 세계를 떠나 새로운 세계로 건너가는 이들이 겪어야 하는 통과의례와도 같았다.

결국 이 모든 시련을 이겨낼 수 있었던 힘은 '책임감'에서 나왔다. 이전까지 나의 행동 원리가 나의 '욕구'였다면, 결혼을 결심한 순간부터는 이 사람을 지켜야 한다는 책임감이 나를 움직이는 새로운 엔진이 되었다. 때로 사랑은 우리에게 세상 모든 것과 맞서 싸울 용기를 주며, 그 싸움의 과정을 통해 우리를 더 단단하고 책임감 있는 어른으로 빚어낸다.

마음 처방

세상의 반대 앞에서 사랑을 지켜내는 마음가짐

한 사람을 깊이 사랑하고 그 사람과 평생을 함께하기로 결심하는 일이 세상 전체와 맞서는 것처럼 느껴질 수 있다. 특히 가족의 반대와 같은 거대한 장벽이 가로막으면 우리는 쉽게 길을 잃고 좌절한다. 이처럼 외부의 압력으로부터 사랑을 지켜내기 위해서는 감정적인 호소나 맹목적인 돌파가 아닌 전략적인 마음가짐이 필요하다. 이는 비단 결혼 문제뿐 아니라 두 사람의 중요한 가치관이 세상의 통념과 부딪히는 모든 순간에 적용될 수 있다.

1단계

'우리'라는 새로운 팀 만들기

누군가의 반대에 부딪혔을 때 가장 먼저 해야 할 일

은, 이 문제를 '나의 문제'가 아닌 '우리의 문제'로 인식하는 것이다. 부모님을 설득하는 것은 나 혼자만의 몫이 아니다. 우리라는 새로운 팀이 함께 해결해야 할 첫 번째 과제다. 파트너와 현재 상황, 감정, 두려움을 투명하게 공유하며 내부의 결속을 다져야 한다. 외부의 공격이 거셀수록 두 사람의 관계가 흔들림 없는 안전지대가 된다면, 누군가의 반대가 오히려 두 사람의 유대를 강화하는 계기가 되어줄 것이다.

 나와 아내는 부모님의 반대가 극심했던 당시, 매일 밤 잠들기 전 '오늘의 작전 회의'를 열었다. 오늘은 부모님께 어떤 전화를 받았는지, 그로 인해 어떤 감정을 느꼈는지, 그래서 내일은 우리가 어떻게 대응할지를 이야기했다. 때로는 서로를 끌어안고 울기도 하고 꼭 이겨내자며 서로를 다독이기도 했다. 이 과정은 단순히 문제를 해결하기 위함이 아니었다. 너와 나는 한편이라는 사실을 매일 확인하고 세상의 반대로부터 우리 둘만의 안전지대를 만드는 과정이었다. '우리'라는 감각이 없었다면 나는 아마 그 고독한 싸움에서 진작에 무너졌을 것이다.

2단계
감정의 핵심 읽어내기

가족이나 친구의 반대는 종종 조언이라는 이름으로 찾아온다. 그들의 날 선 비난이나 반대의 말 자체에 매몰되지 않고 그 말 뒤에 숨어 있는 진짜 감정과 의도를 읽어내는 연습이 필요하다. 부모님의 반대 뒤에는 내 자식이 상처받지 않고 안정적으로 살았으면 좋겠다는 서툰 사랑과 불안이 숨어 있을 수 있다. "저를 걱정해주시는 마음은 정말 감사해요. 하지만 이 부분은 저희가 함께 책임지고 만들어가고 싶어요"라고 상대의 감정(걱정)은 인정해주되, 나의 선택을 존중해달라는 메시지를 전달하는 것이다.

한번은 아버지가 전화를 걸어 "방송인은 불안정하다. 네가 고생길을 자처하는 게 애비로서 마음이 아파 그런다"라며 화를 내신 적이 있다. 예전 같았으면 나 역시 감정적으로 맞섰겠지만, 그 순간 아버지의 분노가 아닌 그 이면에 있는 걱정을 보려 애썼다. 나는 이렇게 대답했다.

"아버지가 저를 얼마나 아끼시는지 알아요. 그래서 더 걱정하시는 것도 알고요. 그 마음 정말 감사해요. 하지만 아버지, 저는 영란 씨와 함께라면 어떤 고생도 이겨낼 자신이 있어요. 저의 선택을 한 번만 믿고 지켜봐주세요."

아버지의 걱정을 먼저 인정해드리자 전화기 너머의 목소리가 조금은 누그러지는 것을 느낄 수 있었다.

3단계
행동으로 증명하기

끝없는 설득과 대화가 교착 상태에 빠졌다면 되돌릴 수 없는 행동으로 확고한 의지를 증명해야 할 때가 있다. 내가 식장을 예약하고 결혼을 공표하며 기정사실을 만들어갔던 것처럼 말이다. 이는 상대를 무시하는 것이 아니라 이 선택이 단순한 감정이나 일시적인 반항이 아님을 보여주는 강력한 메시지다. 단호한 행동은 상대방에게 '이 결혼을 허락할 것인가 말 것인가'가 아니라, '이미 정해진 이 결혼을 축복하며 자식과의 관계를 이어갈 것인가 아니면 등을 돌릴 것인가'라는 새로운 질문을 던지게 만든다.

내가 식장을 예약하고 병원장님께 주례를 부탁드리고 아내가 방송에서 결혼을 공표했던 것은 마지막 승부수였다. 더 이상 말로만 싸우지 않겠다는, 우리의 삶을 우리가 직접 만들어가겠다는 행동의 선언이었다. 그러자 부모님의 반대는 더 이상 우리의 미래를 가로막는 장애물이 아니라 그들 스스로 해결해야 할 '자식과의 관계' 문제로 바뀌었다. 물론 그 과정은 매우 고통스러웠고 많은 상처를 남겼다. 하지만 때로는 한 단계 더 나아가기 위해 아프지만 단호한 행동이 필요하다. 그것은 관계를 건강하고 독립적으로 재정립하기 위한 마지막 몸부림이다.

작은 회복

선택이 믿음이 될 때까지

아내의 손을 잡고 결혼식장에 서기까지의 과정은 세상이 정해놓은 정답이 아닌 나만의 해답을 찾아가는 길고 외로운 여정이었다. 그 과정에서 나는 수없이 흔들리고 좌절했다. 때로는 사랑하는 사람들에게 깊은 상처를 주기도 했다. 하지만 그 모든 상처와 고통의 시간이 있었기에 나는 한 사람을 온전히 책임질 수 있는 어른으로, 내 삶의 진정한 주인으로 성장할 수 있었다.

이것은 비단 한 남자의 결혼 이야기만은 아닐 것이다. 많은 사람이 인생의 크고 작은 갈림길에서 세상의 기준과 내면의 목소리 사이에서 갈등한다. 가령 모두의 기대를 받으며 대기업에 입사했지만 매일 밤 공허함에 시달리다 결국 안정적인 직장을 박차고 나와 자신만의 작은 공방을 차리는 청년을 생각해보자. 주변 사람들은 그의 선택을 철없는 치기라 비난하고, 부모님은 "너에게 얼마나 큰 기대를 걸었는데"라며 눈물지을지도 모른다. 그는 매일 밤 자신의 선택이 옳았는지 수없이 되물으며 보이지 않는 미래에 불안해할 것이다.

혹은 평생 가족을 위해 헌신하며 살아온 어머니가 황혼기에 이르러 이제는 스스로를 위해 살고 싶다며 늦깎이 학생으로 배움의 길을 선언하는 모습을 떠올려볼 수도 있다. 그녀의 가족은 이제 와서 그게 다 무슨 소용이냐며 그녀의 용기를 이해하지 못할 수도 있고, 그녀 자신도 엄마와 아내의 역할을 벗어던지는 것에 대한 두려움과 죄책감을 느낄지도 모른다.

우리가 인생에서 내리는 중요한 선택들은 이처럼 종종 가장 가까운 사람들의 반대와 세상의 의심에 부딪힌다. 그 과정이 유독 고통스러운 이유는, 그것이 단순히 의견 충돌이 아니라 사랑과 정체성의 충돌이기 때문이다. 우리는 우리를 사랑하는 사람들을 실망시키고 싶지 않지만, 동시에 나 자신으로 살아가고 싶은 열망을 포기할 수도 없다. 바로 이 지점에서 우리는 가장 깊은 고독과 마주하게 된다.

하지만 내가 겪었던 것처럼, 고독의 순간에 우리는 비로소 누군가의 허락이 아닌 오롯이 나 자신의 선택에 의지하는 법을 배우게 된다. 우리의 삶은 스스로의 선택을 단단한 믿음으로 만들어가는 과정이다. 그 믿음은 세상의 모든 반대와 의심에 맞서 싸우며 내가 선택한 것을 온몸으로 지켜내는 치열한 과정을 통해서만 비로소 견고해진다.

당신이 지금 인생의 중대한 기로에서 외로운 싸움을 하고 있다면 부디 그 선택을 끝까지 믿어주길 바란다. 그 길 위에서 느끼는 불안과 두려움은 당신이 길을 잘못 들었다는 신호가 아니다. 오히려 당신이 삶을 얼마나 진지하게 마주하고 있는지를 알 수 있는 순간이다. 그 싸움의 끝에서, 당신은 이전보다 훨씬 단단해진 '나'와 그 무엇과도 바꿀 수 없는 '나의 이야기'를 얻게 될 테니 말이다.

아무도 알려주지 않은
부모의 탄생

 공중보건의 시절에 들어서기 전, 동기와 선배들은 입을 모아 말했다. "한의사 인생의 마지막 휴가니까 하고 싶은 거 다 하면서 즐겨라", "육아나 출산은 공보의 때 최대한 피하는 게 좋다." 물론 그 말에 크게 신경 쓰지는 않았지만, 4년간의 치열했던 전공의 생활을 마치고 3년간의 여유를 만끽하고 싶은 욕심은 나에게도 분명 있었다.

 사실 아내와 나는 아이에 대한 열망이 강하지 않았다. 생기면 자연스럽게 받아들이자고 생각하는 쪽이었다. 결혼 1년 뒤였던 2010년, 아내가 자궁외임신으로 유산을 겪는 아픔이 있었지만 우리는 불임이라는 생각보다는 '부부 사이가 좋으면 언젠가 자연스럽게 생기겠지'라는 막연한 기대를 가지고 있었다.

특히 나에게는 마음의 빚이 있었다. 아내가 수술 후 회복실에 홀로 누워 있을 때 전공의였던 나는 병원 일 때문에 그 곁을 지키지 못했기 때문이다. 아내에게 큰 실망감을 안겨주었던 그 기억은 '아이가 생기면 좋지만, 생기지 않더라도 아쉽지 않다'는 방어적인 생각으로 나를 이끌었다. 양가 부모님께서 아이 이야기를 꺼내실 때마다 출산 후에 닥쳐올 수많은 책임과 변화를 내가 과연 감당할 수 있을까 하는 두려움이 먼저 앞섰다.

결혼 4년 차에 접어든 2012년 어버이날, 남양주 신혼집에 모인 자리에서 우리 부모님은 그런 내 마음을 읽으셨던 것 같다. 어머니가 아내의 손을 잡으시며 말씀하셨다.

"둘이 행복하게 잘 사는 모습이 너무 이쁘다. 아이 없어도 되니 스트레스받지 마라. 특히 영란이는 방송 생활에 지장을 줄 수도 있으니, 정 원하면 입양해도 괜찮다. 아이 가지는 것에 너무 신경 쓰지 말거라."

따뜻한 위로에 아내와 나는 참았던 눈물을 터뜨렸다. 내색하진 않았지만 아내가 얼마나 큰 마음의 짐을 지고 있었는지를 그제야 깨달았다. 그리고 부부의 의미는 아이가 아니라 두 사람의 행복 그 자체에 있다는 사실을 다시 한번 가슴에 새겼다.

신기하게도 그날 이후 지금의 첫째 딸 지우가 우리에게 찾아왔다. 아마도 마음의 짐을 내려놓은 순간 아이는 올 준비를 했던 모양이다. 하지만 임신의 기쁨도 잠시, 출산의 과정은 순탄치 않았다. 한번 유산의 기억이 있었기에 모든 상황이 우리 부부에게는 불안으로 다가왔다. 지우는 아내의 뱃속에서 출산을 위한 자세인 두정위가 아닌 엉덩이가 아래로 향한 둔위 자세를 계속 유지했다. 나와 아내의 걱정은 날로 커졌다. 자연분만을 목표로 하던 아내는 의사의 조언에 따라 수영장을 다니며 필사적으로 노력했고, 마침내 출산 직전 지우는 기적처럼 자세를 바로잡았다.

2013년 2월 9일 새벽, 아내의 진통이 시작되었다.

새벽 한 시부터 시작된 고통은 오후 세 시가 넘도록 이어졌다. 무통 주사를 맞고, 간호사가 위에서 배를 누르는 고통(나중에야 갈비뼈에 금이 갔다는 것을 알았다)을 감내하며 아내는 자연분만을 위해 필사의 노력을 했다. 오랜 진통으로 아내의 힘이 빠져갈 무렵, 나는 의사에게서 청천벽력 같은 말을 들었다. 아이의 머리가 치골에 끼어 있어 이대로 분만을 진행하면 산모와 아이 모두 위험할 수 있다는 것이었다.

그 순간, 어설픈 의학 지식이 오히려 공포를 증폭시켰다. 눈앞이 캄캄해졌다. 아이도 소중했지만 내 아내를 잃을 수도 있다는 생각에 온몸이 떨려왔다. 나는 눈물 콧물을 쏟으며 의사에게 빨리 응급수술을 해달라고, 제발 내 아내 좀 살려달라고 펑펑 울었다. 그때의 나는 의사가 아닌 사랑하는 사람을 잃을까 봐 두려움에 떠는 한 명의 남편일 뿐이었다.

그렇게 고생해서 얻은 지우는 우리 부부에게 축복이었지만, 동시에 거대한 문화충격을 안겨주었다. 임신했을 때 주변에서 "뱃속에 있을 때가 마지막 휴가"라고 했던 말의 의미를, 우리는 출산 이후 뼈저리게 체감했다. 게임으로 치면 임신은 맛보기 튜토리얼이었고, 육아는 튜토리얼 없이 바로 시작된 극악 난이도의 본 게임이었다.

먼저 각자의 세계를 지탱하던 모든 대인 관계가 사실상 끝났다. 나는 일주일에 한 번씩 동료들과 모여 농구를 하고 피시방에서 게임을 하며 스트레스를 풀곤 했다. 아내 역시 친구들과 모여 밤새 수다를 떠는 것이 유일한 낙이었다. 하지만 아이가 태어난 후 그 모든 게 사치가 되었다. 우리의 세상은 오직 집이라는 좁은 공간으로 축소되고 삶은 눈에 띄게 퍽퍽해졌다.

초보 아빠는 뭐든 서툴렀다. 기저귀를 제대로 못 채워 침대 시트를 다 적시거나 분유 온도를 잘못 맞춰 아기가 입을 떼며 울기 일쑤였다. 그 모습을 본 아내는 더 지쳤다. 아내는 밤낮없이 모유 수유를 하며 몸과 마음이 망가졌다. 곁에서 지켜보는 것만으로 나는 깊은 무능감을 느꼈다.

밤이 오는 것이 두려웠다. 아내가 젖을 물리다 지쳐 잠들면 아직 눈이 똘망똘망한 아이는 온전히 나의 몫이었다. 나는 아기띠를 메고 밤새 거실을 맴돌았다.

백색소음이 좋다는 말에 환풍기를 틀어놓고 그 앞에서 자장가를 불렀다. 그렇게 뜬눈으로 밤을 새우고 동이 틀 무렵 아내에게 아이를 넘기고 출근하는 날들이 반복되었다. 보건소 진료가 끝나고 조금이라도 늦게 들어가는 날이면 왜 이렇게 늦게 왔냐는 아내의 날 선 구박이 기다리고 있었다. 사람들과 어울리며 스트레스를 풀던 나는 그 무렵부터 퇴근 후 방구석에서 혼자 술을 마시는 버릇이 생겼다.

아이가 왜 우는지, 왜 아픈지 알 수 없을 때 우리는 서로를 탓하기 바빴다. 하루는 새벽 세 시쯤, 아이가 한 시간째 울음을 그치지 않았다. 나는 아무 말 없이 아이를 안고 거실을 맴돌았고, 지쳐 있던 아내는 갑자기 울음을 터뜨리며 말했다.

"넌 왜 아무것도 몰라?"

그 말이 아직도 귓가에 남아 있다. 그녀도 몰랐을 것이다, 내가 얼마나 미안했는지. 그리고 나도 몰랐다, 그녀가 얼마나 외롭고 힘들었는지. 그날 우리 두 사람 다 울었다. 서운함과 미안함, 무력감이 뒤섞인 눈물이었다. 처음으로 우리는 부모로서 싸웠다. 육아는 사랑을 시험했고, 그 시험은 매일 반복되었다. 아이가 울거나 아프면 서로의 잘못을 탓했고, 매일 밤 아이를 누가 재울 것인가를 두고 서로 떠넘기기 바빴다. 행복했던 부부 사이에는 점차 불화의 그림자가 드리워졌다.

다행인 건 내가 비교적 한가한 보건지소에서 근무하고 있었고 아내 역시 방송 활동이 뜸했던 시기였다는 것이다. 우리는 서툴렀지만, 온전히 육아에만 집중할 수 있는 최소한의 시간을 확보할 수 있었다. 그리고 그렇게 정신없는 하루하루를 보내던 중 지우가 돌이 되기도 전인 2013년 12월, 아내의 임신 테스트기에 또다시 두 줄이 떴다.

상처 읽기

부부에서 전우로, 관계의 재구성

아이의 탄생은 한 생명을 세상에 내놓는 사건인 동시에 부부라는 기존의 세계가 완전히 파괴되고 부모라는 새로운 세계가 재건되는 거대한 지각 변동이었다. 많은 부부가 이 지각 변동 과정에서 심각한 균열을 겪는다. 나의 경험 역시 그 과정의 전형이었다.

과거 유산의 상처와 미래에 대한 두려움은 부모가 되기 위한 첫 번째 관문이었다. 부모님의 따뜻한 지지는 이 상처를 치유하고 다음 단계로 나아갈 수 있는 발판이 되어주었다. 이처럼 아이를 맞이하기 전, 부부가 과거의 상처나 미래에 대한 불안을 충분히 공유하고 해소하는 과정은 매우 중요하다. 준비되지 않은 마음 위에 세워진 집은 작은 충격에도 쉽게 흔들릴 수 있기 때문이다.

출산 과정에서 내가 겪었던 극도의 공포와 눈물은

한 남자가 남편에서 아빠가 되며 겪는 정체성의 전환을 상징적으로 보여준다. 그것은 의사로서의 이성이 무너지고, 사랑하는 사람을 지켜야 한다는 보호자로서의 본능이 전면에 나서는 순간이었다. 아빠가 된다는 건 단순히 생물학적 사실을 넘어 나보다 소중한 존재를 위해 나의 연약한 모습도 기꺼이 드러낼 수 있어야 한다는 의미다.

육아 초기의 혼란과 갈등은 연인이었던 두 사람이 공동 양육자라는 새로운 역할에 적응하며 겪는 필연적인 성장통이다. 이전까지 서로를 바라보던 두 사람은 이제 아이라는 제3의 존재를 함께 바라보며 완전히 새로운 협력 체계를 구축해야 한다. 잠을 못 자고, 아이가 아프면 서로를 탓했던 우리의 모습은 이 새로운 역할에 대한 두려움에서 비롯된 것이었다. 이 시기의 부부는 연인이기보다 예측 불가능한 전쟁터에 함께 투입된 전우에 가깝다.

마음 처방

부모가 되는 길목에서 우리를 지켜내는 방법

아이의 탄생은 누구라도 축복하고 기뻐해주지만 그 이면에 두 사람이 겪어야 하는 혼란과 관계의 위기에 대해서는 아무도 이야기하지 않는다. 부모가 된다는 것은 세상에서 가장 경이로운 경험인 동시에 개인과 부부의 삶에 가장 큰 스트레스를 주는 사건 중 하나다. 이 거대한 변화 속에서 우리를 지켜내기 위해서는, 막연한 사랑이나 희생정신이 아니라 구체적인 지혜와 전략이 필요하다.

1단계

과거의 상처를 먼저 껴안기

아이를 맞이하기 전 혹은 육아 중에 예상치 못한 어려움에 부딪혔을 때, 과거의 상처가 불쑥 고개를 드는 경우가 많다. 유산의 경험이나 자신의 어린 시절 부모와의 관계에서 비롯된 상처일 수도 있다. 이러한 감정들을 덮어두기보다 파트너와 함께 솔직하게 꺼내놓고 이야기하는 시간이 필요하다. "나는 그때 당신이 곁에 없어서 정말 서운했어", "나는 우리 아빠처럼 무뚝뚝한 아빠가 될까 봐 두려워"와 같이 자신의 연약함을 먼저 드러내는 '감정의 예방 접종'은 미래에 닥쳐올 더 큰 위기 앞에서 서로를 깊이 이해하고 지지해줄 수 있는 백신이 되어준다.

우리 부부에게는 '자궁외임신'이라는 아픈 상처가 있었다. 지우를 임신하고 기뻐하면서도 아내는 늘 불안해했다. 나는 그 불안의 깊이를 제대로 헤아리지 못했다. 그러던 어느 날 밤, 아내가 조용히 말했다.

"사실 나는 매일매일 무서워. 또 그날처럼 될까 봐."

그 말을 듣는 순간, 그동안 내가 얼마나 이기적이었는지를 깨달았다. 나는 아내의 손을 잡고 진심으로 사과했다.

"그때 당신 혼자 아프게 해서 정말 미안해. 이번에는 무슨 일이 있어도 내가 당신 곁을 지킬게."

그날 밤의 대화는 단순히 과거의 일에 대해 사과하는 시간이 아니었다. 그것은 미래의 불안에 함께 맞서기 위한, 우리 부부만의 약속이었다.

2단계
'완벽한 부모' 환상 버리기

육아는 정답이 없는 시험과 같다. 아이가 울고, 아프고, 잠들지 않을 때 우리는 스스로 부모로서 무능하다고 쉽게 자책한다. 그리고 그 자책은 종종 배우자를 향한 비난으로 이어지기도 한다. 이 함정에서 벗어나기 위해, 부부는 '완벽한 부모가 되지 않아도 괜찮다'는 서약을 맺을 필요가 있다. "우리 둘 다 처음이라 서툰 게 당연해", "당신 탓이 아니야. 우리 함께 방법을 찾아보자"라는 말로 서로의 노력을 인정해주는 것이다. 육아는 역량을 증명하는 대결이 아니라 함께 문제를 해결해나가는 끝없는 협력의 과정임을 기억해야 한다.

진료실을 찾은 한 부부는 육아 문제로 매일같이 싸

운다고 했다. 남편은 "아내가 나를 무능한 아빠로만 본다"라며 서운해했고, 아내는 "남편이 나를 예민한 엄마로만 본다"라며 억울해했다. 나는 그들에게 일주일에 한 번, 서로의 고충을 칭찬하는 시간을 가져보라고 권했다. 아이를 재우고 난 뒤, 서로에게 "오늘 하루종일 아이 보느라 고생 많았어", "당신이 젖병을 씻어줘서 내가 잠시라도 쉴 수 있었어, 고마워"라며 서로의 노력을 인정하고 칭찬해주는 것이다. 처음에는 어색했겠지만, 몇 주 뒤 그들은 서로를 향한 비난이 눈에 띄게 줄었다고 말했다. 우리는 완벽한 부모가 될 수는 없어도 서로의 불완전함을 이해하고 격려하는 최고의 팀원은 될 수 있다.

3단계
부부 사이를 감정이 아닌 구조로 설계하기

육아 초기, 특히 신생아 시기에는 낭만적인 부부 관계를 잠시 내려놓고 생존을 위한 전우로서의 역할을 받아들이는 현실적인 지혜가 필요하다. 감정적인 교류보다 실질적인 협력과 시스템 구축에 집중하는 것이다. '누가 몇 시부터 몇 시까지 아기를 볼 것인가', '서로에게 최소 주 1회, 두 시간의 자유 시간을 어떻게 보장할 것인가' 등 명확한 규칙과 시스템을 만든다. 이러한 실질적인 협력 체계는 수면 부족과 스트레스 속에서 서로를 향한 불필요한 원망을 줄여주고 '우리는 한 팀'이라는 연대감을 강화하는 튼튼한 기반이 된다.

아이가 태어나고 몇 주간, 우리 부부는 그야말로 지옥을 경험했다. 잠 못 이루는 밤이 계속되자 우리는 서로에게 날카로운 말들을 쏟아내기 시작했다. 그러던 어느 날 새벽, 울고 있는 아이를 안은 채 멍하니 앉아 있던 우리는 서로를 바라보며 깨달았다.

'이대로 가다간 둘 다 죽겠다.'

그날 우리는 부엌 식탁에 앉아 육아 교대 근무표를 짰다. 나는 새벽 한 시부터 다섯 시까지, 아내는 그 이후 시간을 책임지는 식이었다. 그것은 낭만적인 합의가 아니라 생존을 위한 처절한 시스템 구축이었다. 그 덕분에 우리는 비로소 숨을 쉴 수 있었다. 그리고 깨달았다. 지금 우리에게 필요한 것은 뜨거운 사랑 고백

이 아니라는 것을. "내가 보초 설 테니, 당신 먼저 눈 좀 붙여"라고 말해주는 든든한 전우애라는 것을.

작은 회복

혼돈 속에서 새로운 가족이 태어난다

지우의 탄생과 육아의 시작은 이기적인 내가 자신보다 더 사랑하는 존재를 위해 기꺼이 자신을 내어주는 법을 배우게 된, 고통스럽지만 경이로운 과정이었다. 아이의 울음소리 앞에서 나의 무력함을 인정했고 아내의 고통 앞에서 나의 연약함을 드러냈으며 잠 못 이루는 밤들을 함께 버텨내며 우리는 연인일 때와는 비교할 수 없을 만큼 깊고 단단한 유대감을 형성했다.

이것은 비단 초보 부모만의 이야기는 아닐 것이다. 갑작스럽게 부모님이 편찮아지시면서 자신의 삶이 송두리째 바뀌어버린 직장인의 이야기를 생각해보자.

승승장구하던 커리어, 여유로운 취미 생활, 친구들과의 약속. 그 모든 것이 부모님의 병간호라는 현실 앞에서 후순위로 밀리게 된다. 그는 더 이상 자신의 성공만을 위해 달릴 수 없다. 대신 서툰 솜씨로 부모님의 식사를 챙기고 병원 예약을 관리하며 밤새 곁을 지켜야 한다. 그 과정에서 그는 자신의 시간이 사라지는 것에 대한 좌절감과 부모님의 약해진 모습 앞에서 느끼는 슬픔 그리고 이 모든 것을 감당해야 한다는 책임의 무게와 싸워야 할 것이다.

평생의 꿈이었던 자신만의 가게를 연 자영업자의 모습도 비슷하다. 가게는 그의 또 다른 아이와 같다. 새벽같이 일어나 재료를 준비하고 밤늦게까지 손님을 맞이하며 가게의 모든 문제를 자신의 일처럼 해결해야 한다. 직원 관리, 재정 압박, 예측 불가능한 위기들 속에서 그는 개인적인 삶을 기꺼이 뒤로 미룬다. 그의 세계는 이제 가게의 성공과 생존을 중심으로 재편된다.

우리는 종종 이 혼돈의 시간을 희생이나 고통으로만 받아들인다. 하지만 바로 그 혼돈 속에서 우리는 이전에 알지 못했던 형태의 사랑을 경험하게 된다. 나 자신만을 위해 살던 좁은 세계가 무너져 내리고 더 넓은 세계로 나아가게 되는 것이다. 병상에 누운 부모님의 손을 잡을 때, 고된 하루 끝에 텅 빈 가게를 바라볼 때, 잠든 아이의 숨소리를 들을 때 우리는 깨닫는다. 나의 삶이 더 이상 혼자만의 것이 아니고 그 책임의 무게가 때로는 세상 가장 큰 위안과 의미가 된다는 것을 말이다.

예측 불가능한 육아의 현실 혹은 갑작스럽게 주어진 누군가를 돌봐야 하는 책임의 무게 앞에 지쳐 있는가. 그렇다면 기억해주길 바란다. 당신이 지금 혼란과 갈등을 겪고 있는 이유는 당신이 실패하고 있어서가 아니다. 당신의 낡은 세계가 무너지고 그 자리에 더 크고 단단한 사랑의 세계가 세워지고 있기 때문이다. 아이의 탄생이 그러했듯, 진정한 의미의 가족 그리고 한층 깊어진 나 자신은 언제나 아름다운 혼돈 속에서 태어나는 법이니까.

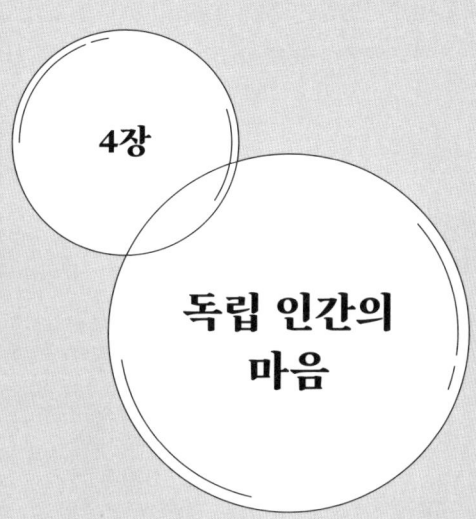

4장

독립 인간의 마음

리더의 마음도
돌봄이 필요하다

 나는 당대 최고의 한방병원에서 혹독한 수련을 버텨내고 전문의를 취득했다. 이제 아내와 갓 태어난 딸 지우가 생긴 이상, 불확실한 개원가에 뛰어드는 모험보다 내가 수련했던 병원에 다시 지원해 안정적으로 시작하는 것이 여러모로 유리한 상황이었다.

 공중보건의 생활을 마쳐가는 동기들 대다수가 병원에 진료과장으로 지원한다고 했다. 특히 전국에 분원이 많은 우리 병원에서 본원의 힘든 전문의 과정을 함께 이겨낸 동기들은 암묵적으로 본원에 남기를 바랐을 것이다. 하지만 나의 경우 전공의 생활이 모범적이지 않았기에 본원에 다시 뽑힐 것이라는 기대보다는 그저 받아만 주어도 감사하다는 생각이 강했다. 당시 본원 병원장님과는 일면식도 없었고 나에 대한 평가는 주변의 말에 의존할 수밖에 없었을 것이기에, 서울권의 한 분원으로 가라는 지시를 받은 것은 아주 당연한 일이었다.

나는 그 지시를 인생의 변곡점에서 마주한 순리라고 생각하며 받아들이려 했다. 그런데 이 소식을 전해 들은 아내가 조용히 물었다.

"정말 괜찮아? 조금도 아쉽지 않아?"

아내의 덤덤한 질문이 오히려 내 마음을 끓게 했다.

'그래, 이렇게 포기하면 평생 후회할지도 몰라.'

아내의 말은 조금이라도 아쉬움이 없도록 끝까지 부딪혀보자는 결의를 내 안에 심어주었다.

바로 그때, 마침 우리 부부에게 출연을 제안한 아침 방송에서 인생의 특별한 은사님을 찾아가라는 미션을 주었다. 나에게는 주저할 이유가 없었다. 나는 우리 부부의 주례를 서주셨던 J 한방병원의 창립자분을 찾아뵙고 싶다고 했다. 촬영 당일, 창립자분은 나의 근황과 앞으로의 진료 계획에 대해 물으셨다. 나는 낯을 가리는 성격 탓에 머뭇거리고 있었는데, 옆에 있던 아내가 먼저 나섰다. 그녀는 내가 가진 장점과 앞으로의 발전 가능성에 대해 나보다도 확신에 찬 목소리로 설명했다. 또한 때마침 제안이 왔던 〈백년손님〉 같은 프로그램을 통해 부부의 건강한 모습을 보여주며 병원에도 긍정적인 영향을 줄 수 있다는 점을 현명하게 어필했다.

아내의 지혜로운 용기 덕분이었을까. 인사위원회에서 나의 방송 활동 계획이 긍정적으로 평가되어 나는 기적적으로 본원으로 발령받게 되었다. 하지만 일이 예상치 못한 방향으로 흘러갔다. 방송을 핑계로 창립자에게 인사 청탁을 했다는 뉘앙스의 소문이 병원 내에 파다하게 퍼진 것이다. 입사한 나를 좋게 보는 사람은 아무도 없었다. 결국 병원장님은 다른 진료과장들을 납득시키기 위해 나에게 '특별한 명분'을 만들어주셨다.

그것은 바로 병원에서 운영하던 건강기능식품의

홈쇼핑 출연, 각종 방송 매체 출연, 중증 환자가 아닌 일회성 환자들을 주로 담당하는 역할이었다. 나는 실력을 쌓을 기회도, 동료들만큼 수입을 올릴 기회도 박탈당하고 원치 않는 역할을 맡게 되었다. 이러려고 그 힘든 수련 과정을 버텼나 하는 자괴감이 들었지만, 전공의 시절 몸에 밴 상명하복의 관성으로 나는 그저 버티고 또 버텼다.

다행히 1년쯤 지나 새로 입사한 후배 진료과장이 내가 맡았던 역할을 맡기 싫다며 항명하는 사태가 벌어졌다. 나를 위해 만들어졌던 그 기묘한 직위는 그렇게 사라졌고, 그제야 나는 다른 동료들과 같은 선상에서 진료과장으로서의 첫발을 내디딜 수 있었다.

그때부터 모든 것이 맞물려 돌아가기 시작했다. 아내의 방송 활동이 활발해지면서 계륵 같았던 나의 방송 출연 경력이 오히려 대중적 인지도를 쌓는 데 큰 도움이 되었다. 환자들은 나를 친숙하게 느꼈고 진료실은 금세 북적였다. 입사 후 3년 정도가 지나자, 나는 전국 수많은 진료과장 사이에서 최고의 퍼포먼스를 내는 의사 중 한 명이 되어 있었다. 하루하루가 행복의 연속이었다.

하지만 시련은 전혀 예상치 못한 곳에서 다시 찾아왔다. 내 동생이 나를 그토록 탐탁지 않아 했던 본원 병원장님의 따님과 결혼하게 된 것이었다.

상처 읽기

오해를 견뎌야만 할 때

공중보건의를 마치고 병원에 복귀하던 시절은 '공정성'과 '정치'라는 사회의 민낯을 처음으로 마주한 순간이었다. 나는 나의 과거 평판과 실력이라는 객관적인 데이터에 따라 분원으로 발령받는 것을 순응하며 받아들이려 했다. 하지만 아내의 현명한 조언과 방송이라는 기회가 맞물려, 나는 스스로의 힘으로 본원으로 향하는 문을 열었다. 이것은 분명 정당한 기회이자 나의 노력이었다.

그러나 사회는 우리가 학교에서 배운 것처럼 언제나 과정을 공정하게 평가해주지 않는다. 결과적으로 창립자의 눈에 띄어 본원으로 들어왔다는 루머만이 사실로 남았고 '방송을 핑계로 한 인사 청탁'이라는 꼬리표가 되어 나를 따라다녔다. 그 꼬리표를 달고 시작한 나의 복귀 생활은 심리적으로 큰 위축감을 동반했다. 주변의 모든 시선이 나를 향한 의심과 편견으로 느껴졌고, 나는 그 편견을 깨기 위해 끊임없이 나 자신을 증명해야만 했다.

나에게 주어진 '방송 의사'라는 역할은 표면적으로는 나를 고립시키고 성장을 저해하는 벌과도 같았다. 하지만 역설적으로 다른 동료들은 가질 수 없는 대중적 인지도라는 독특한 무기를 쥐여주었다. 이 경험은 '커리어 브리콜라주Career Bricolage'라는 개념을 떠올리게 한다. 이는 정해진 길을 따라가는 것이 아니라 당장 내 손에 주어진 것들(그것이 원치 않는 역할이나 불리한 조건일지라도)을 어떻게든 조합하고 활용하여 자신만의 길을 만들어가는 걸 의미한다. 나는 원치 않았던 방송 출연 경험과 아내의 성공이라는 외부 자원 그리고 마침내 주어진 진료과장으로서의 기회를 엮어 누구도 예상치 못했던 나만의 성공 공식을 만들어낸 셈이다. 이 과정은 삶의 많은 부분이 계획대로 되지 않으며, 때로는 가장 큰 약점이라고 생각했던 것이 가장 큰 강점이 될 수도 있다는 사실을 가르쳐주었다.

마음 처방

가끔은 오해 속에서 새로운 이정표가 세워진다

우리의 삶과 경력은 언제나 공평한 규칙 아래에서 펼쳐지지 않는다. 때로는 누군가의 편견에, 때로는 조직의 정치적 역학에, 때로는 그저 운이 없다는 이유만으로 불리한 출발선에 서게 될 때가 있다. 이런 상황에서 좌절하고 현실을 비관하기 쉽다. 중요한 것은 주어진 환경을 탓하는 것이 아니라 그 불공평한 판 위에서 어떻게 나만의 게임을 할 것인지를 전략적으로 고민하는 것이다.

1단계
역할 속에서 '나만의 의미' 발견하기

원치 않는 부서로 발령이 나거나 누구도 맡기 싫어하는 프로젝트를 떠안게 되었을 때 우리는 그것을 벌이나 좌천으로 받아들이기 쉽다. 하지만 관점을 조금만 바꾸면 그 역할은 '나만 할 수 있는 특별한 기회'가 될 수도 있다. "이곳에서 배울 수 있는 것은 무엇일까?", "이 경험이 5년 뒤, 10년 뒤 나의 커리어에 어떤 독특한 스토리를 더해줄까?"와 같이 질문을 바꾸는 것이다. 주어진 역할의 단점을 불평하는 대신, 그 안에서 의미와 성장의 기회를 찾아내는 전략적 사고는 최악의 상황 속에서도 나를 지탱하는 힘이 된다.

나에게 주어진 '방송 의사' 역할이 처음에는 벌처럼 느껴졌다. 하지만 나는 그 안에서 나만의 의미를 찾기로 했다.

'딱딱한 의학 정보를 대중에게 가장 쉽고 재미있게

전달하는 사람이 되어보자.'

그렇게 목표를 재설정하자 방송 출연은 더 이상 억지로 해야 하는 일이 아니라 나만의 전문성을 키울 수 있는 흥미로운 도전이 되었다. 진료실에서 만난 내담자도 비슷한 경험을 했다. 그는 회사의 핵심 부서에서 밀려나 고객 민원을 담당하는 부서로 가게 되어 깊은 좌절감에 빠졌다. 나는 그에게 "고객의 진짜 목소리를 들어주는 전문가가 되어보는 건 어떠냐"고 제안했다. 그는 그 말에 힘을 얻어 고객 민원을 분석해 새로운 서비스 개선안을 보고했고, 결국 회사에서 누구도 대체할 수 없는 전문가로 인정받게 되었다.

2단계
편견에 맞서 싸우기보다 '나의 가치' 지키기

불공평한 대우와 편견 앞에서 우리는 종종 나의 실력을 증명해서 그들이 틀렸다는 것을 보여주겠다고 다짐한다. 하지만 이는 때로 우리를 더욱 지치게 만드는 함정이 될 수 있다. 중요한 것은 그들의 평가를 뒤

집는 것보다 그들의 부당한 평가로부터 나의 가치를 지켜내는 것이다. 억울한 마음을 억누르지 말고, 나는 지금 부당한 대우를 받고 있다고 스스로 인정하고, 그럼에도 나는 내가 맡은 일에 최선을 다하는 가치 있는 사람이라는 자기 확신을 잃지 않는 것이 먼저다.

나는 인사 청탁이라는 편견으로부터 나를 증명하기 위해 필사적으로 일했다. 하지만 내가 최고의 실적을 냈을 때조차 그들은 "원래 잘하는 사람이니 당연하다"라거나 "특혜가 있었을 것"이라며 나의 노력을 평가절하했다. 그때 나는 깨달았다. 내가 싸워야 할 대상은 그들의 편견에 흔들리는 내 마음이라는 것을. 그후 나는 그들을 이기기 위해 일하는 대신 나의 환자들을 위해 일하기 시작했다. 나의 가치를 진료실에 찾아오는 환자들의 눈에서 찾기 시작했을 때, 나는 비로소 그들의 평가로부터 자유로워질 수 있었다.

3단계

'나의 영역' 확장하기

회사가 나에게 부여한 공식적인 직함이나 역할이 나의 모든 것을 정의하도록 내버려두어서는 안 된다. 의식적으로 나의 전문성과 영향력의 영역을 조직 바깥으로 확장해야 한다. 나의 방송 출연이 의도치 않게 나라는 브랜드를 대중에게 각인시켰던 것처럼, 회사 밖의 스터디 그룹에 참여하거나 개인 SNS를 통해 자신의 전문 지식을 공유하거나 다른 분야의 사람들과 교류하며 자신만의 네트워크를 구축하는 활동이 필요하다. 이는 조직의 평가에 일희일비하지 않는 자존감의 기반이 되며, 언젠가 새로운 기회가 찾아왔을 때 나를 세상에 증명해줄 중요한 자산이 된다.

나의 방송 출연은 의도치 않게 나라는 사람을 대중에게 각인시키는 계기가 되었다. 병원 안에서는 문제적 인물이었을지 몰라도 병원 밖 세상에서는 '친절하고 유쾌한 한의사'로 알려지기 시작했다. 병원 외부에서의 인정은 병원 내부의 부당한 평가 속에서도 내가 완전히 무너지지 않도록 지켜주는 방패가 되어주었다. 회사 안에서의 평판이 전부라고 생각될 때 우리는 의식적으로 회사 밖으로 나가 '또 다른 나'를 만들어야 한다. 그런 시도가 모여 언젠가 조직이라는 둥지를 떠나야 할 때 기꺼이 날아오를 수 있는 튼튼한 날개가 되어줄 것이다.

작은 회복

때로는 최악의 카드가 최고의 무기가 된다

병원 복귀 후 나에게 주어진 첫 번째 패는 누구에게도 환영받지 못하는 최악의 카드처럼 보였다. 편견과 오해 속에서 시작된 일이기에 나의 성장을 가로막는 족쇄처럼 느껴졌다. 하지만 결국 그 누구도 원치 않았던 '방송 의사'라는 역할은, 훗날 나를 다른 의사들과 차별화시키는 가장 강력한 무기가 되어주었다.

이러한 삶의 역설은 비단 나만의 경험은 아닐 것이다. 거대한 조직의 논리 속에서 우리는 종종 이해할 수 없는 역할을 부여받곤 한다. 예를 들어, 최신 기술을 다루고 싶었던 개발자가 낡고 누구도 거들떠보지 않는 레거시 시스템 유지보수 팀으로 발령받는 경우를 생각해보자. 그는 자신의 경력이 끝났다고 좌절할지도 모른다. 하지만 그는 그곳에서 시스템의 가장 깊은 곳까지 파고들며 누구도 대체할 수 없는 전문가가 된다. 몇 년 후, 회사의 명운이 걸린 위기 상황에서 모두가 외면했던 그 낡은 시스템을 다룰 줄 아는 유일한 사람인 그는 회사를 구하는 영웅이 될 수도 있다.

혹은 화려한 마케팅 부서를 꿈꾸던 신입사원이 아무도 관심을 갖지 않는 비주류 상품 담당자로 배치될 수도 있다. 처음에는 자신의 신세를 한탄하겠지만, 그는 그곳에서 자신만의 방식으로 새로운 고객을 발굴하고 버려졌던 상품을 베스트셀러로 만드는 기적을 일궈낸다. 그사이 화려한 부서에서 치열한 경쟁에 지쳐 번아웃을 겪는 동료들에 반해, 오히려 한직이라 불렸던 그곳에서 자신만의 내공을 쌓아온 그가 더 멀리,

더 오래갈 수 있는 힘을 얻었음을 깨닫게 된다.

예술의 세계에서도 마찬가지다. 풍족한 재료와 완벽한 환경을 가졌을 때 오히려 평범한 작품만 그리던 화가가, 가난 때문에 값싼 재료 몇 가지만을 사용해야 하는 제약 속에서 자신만의 독창적인 화풍을 창조해내는 경우가 있다. 부족함이 그의 잠재력을 폭발시키는 기폭제가 된 것이다. 이렇듯 때로는 과잉이 아니라 결핍이, 자유가 아니라 제약이 우리를 성장의 길로 이끈다.

대부분의 사람들이 인생이라는 게임에서 처음부터 좋은 패만 받기를 원한다. 하지만 진정한 고수는 좋은 패로 쉽게 이기는 사람이 아니라, 손에 쥔 최악의 패를 최고의 무기로 만들어내는 사람이다. 지금 당신의 손에 들린 패가 남들보다 불리해 보이는가? 당신이 서 있는 출발선이 남들보다 뒤에 있는 것 같아 억울한가? 그렇다면 기억해주길 바란다. 지금 당신을 괴롭히는 그 경험이, 당신을 주저앉히는 그 약점이, 언젠가 당신을 대체할 수 없는 특별한 존재로 만들어줄 중요한 자산이 될지도 모른다는 것을. 중요한 것은 주어진 패를 탓하며 주저앉는 것이 아니라 그 패를 가지고 어떻게 나만의 판을 짤 것인지 고민하는 지혜와 용기다. 그 고민의 과정 자체가 이미 당신을 성장시키고 있을 테니 말이다.

퇴사는 포기가 아니라
자기 감정의 회복 선언이다

 병원에 진료과장으로 입사한 이후, 나는 과거 전공의 시절의 편견을 깨기 위해 그리고 두 아이의 아빠로서 부끄럽지 않은 모습을 보이기 위해 모든 것을 쏟아부었다. 휴일에도 출근해 입원 환자를 돌보고 진료 후에는 환자 한 분 한 분에게 따로 연락하며 상태를 챙겼다. 부족한 지식을 채우기 위해 영상의학과 전문의들을 그림자처럼 따라다니며 자문을 구하고 출퇴근하는 대중교통 안에서 의학 유튜브를 보기도 했다. 쉬는 시간에는 물리치료실에 상주하며 환자에게 해줄 수 있는 것이 무엇인지 찾아 헤맸다.

때마침 왕성하게 방송 활동을 시작한 아내의 인지도가 이러한 나의 노력과 더해지면서 나는 병원에서 이름만 대면 아는 '네임드 원장'이 되었다. 환자들이 나를 찾아 전국에서 몰려들었고 병원의 모든 평가 항목에서 나는 언제나 선두를 달렸다. 전국 의료진 교육에 강사로 나설 정도의 위치에 올랐다.

그 무렵 나는 선의로 병원장님의 여식과 내 동생의 만남을 주선했는데, 두 사람이 결혼에까지 이르게 되었다. 하지만 이 일은 나에게 득보다 실이 많은 사건이 되었다. 나의 부단한 노력은 '특수 관계'라는 꼬리표 뒤에 가려지게 되었고, 내가 피땀 흘려 얻은 최고의 평가는 '보이지 않는 가산점'이 있었을 것이라는 의심의 눈초리로 되돌아왔다.

처음에는 웃어넘겼지만 귓가에 들려오는 수군거림이 잦아질수록 나는 점점 예민해졌다. 동생과 언쟁을 벌일 정도로 신경이 곤두섰다. 주변에서는 오해를 풀기 위해 다른 과장들과 어울려 골프라도 치라고 조언했지만, '내가 이렇게 열심히 사는데, 왜 그런 교류까지 해야 하나'라는 자만심은 나를 더욱 고립시켰다.

그때 병원에 변화가 생겼다. 사돈이었던 병원장님께서 재단 대표로 옮겨 가시고 새로운 병원장님이 취임했다. 그는 내가 인턴 시절 의국장이었던, 나보다 두 살 많은 선배였다. 그는 조직의 성과를 키우기보다 안정적인 유지를 원했던 것 같다. 나에게 센터장 직위를 제안할 때도 나의 압도적인 진료 평가 실적을 고려한 것일 뿐 진심으로 나를 원하지 않는다는 것이 느껴졌다. 안정적인 운영을 위해서는 실력 있는 반항아보다 순응적인 관리자가 필요했던 것이다.

나는 센터장이라는 직함을 달고 나서 더 안달이 났다. 나를 향한 의심의 눈초리들을 실력으로 잠재우고 싶었다. 또한 모든 방면에서 뛰어난 리더가 되어야 한다는 생각에 사로잡혔다. 당시 병원은 경영 실적 개선을 위해 센터장 추진비를 삭감하고 명절 상여금까지 없애는 분위기였지만, 나는 아랑곳하지 않았다. 내 사비를 털어 센터 회식도 하고 일주일에 두세 번씩 직원들을 위해 스타벅스 커피를 돌렸다. 병원에서 주지 않는 명절 떡값은 우리 센터 원장들끼리 돈을 갹출해서

간호사들에게 챙겨주었다.

하지만 나의 이런 행동은 다른 센터장들의 불만을 샀다. 그들은 병원장에게 한창 센터장이 물을 흐린다고 하소연했다. 나는 그저 내 팀원들을 챙기고 싶었을 뿐인데 그것이 조직의 방침을 어기고 다른 리더들을 불편하게 만드는 일이 되어버렸다.

나의 높은 진료 실적 또한 갈등의 불씨가 되었다. 본원의 스무 명이 넘는 진료과장들 중에서 내가 입원시킨 환자가 전체 병상의 5분의 1을 차지할 정도가 되자 다른 과장들의 불만이 터져 나왔다. 그러던 중 입원 환자가 음주 후 진료실에 난입해 난동을 부리는 사건이 발생했다. 그를 말리려던 나는 언쟁을 벌였고, 결국 경찰까지 출동하게 되었다. 병원장 입장에서는 이 모든 것이 부족한 센터장의 모습으로 보였을 것이다.

아내의 방송 활동과 연계된 촬영들도 마찬가지였다. 〈아내의 맛〉 촬영을 위해 점심시간을 쪼개 협조하면 뒷정리가 미흡했다는 지적이 돌아왔다. 한번은 트로트 가수들과 병원에서 촬영하는데, 출연자 중 한 명이 코로나 확진을 받았다. 확진자가 병원에 오래 머물

렸으니 검사와 격리 절차 때문에 업무가 바빠졌고, 기존 진료 일정도 차질을 빚었다. 동료들은 그 일을 두고 나의 개인적인 홍보 활동 때문에 벌어진 일이라며 나를 탓했다. 심지어 병원 홍보팀은 가만히 앉아 업무 성과를 가져갔으면서 이런 뒤처리는 나와 직원들의 몫이라고 매도했다.

그렇게 나의 모든 선의와 성과는 오해와 질투의 대상이 되어갔다. 그러다 마침내 사소한 사건이 모든 것을 터뜨리는 기폭제가 되었다. 하루는 환자분이 고가의 공진단과 일반 공진단을 함께 처방받으면서, 일반 공진단도 고가 제품의 포장 상자에 담아달라고 요청했다. 나는 환자를 만족시키는 것이 곧 병원의 이익이라 생각하고 흔쾌히 승낙했다. 하지만 그것이 규정 위반이 되었고, 한 직원이 이 사실을 권한 남용이라며 상부에 보고했다.

바로 그날 병원장님은 나를 조용히 불렀다.

"넌 센터장의 자격이 매우 부족한 것 같다. 내려놔라."

억울했다. 그리고 너무나 슬펐다. 나를 바라볼 주변

사람들의 시선이 두려웠다. 그날 퇴근하는 길에 차 안에서 하염없이 울었다. 집에 돌아와 아내 앞에서도 엉엉 울었다. 내가 그렇게나 부족한가. 내가 그렇게나 불필요한 존재인가.

아내의 위로를 받아 다시 힘을 얻고는 다음 날 아무렇지 않은 척 씩씩하게 출근했다. 돌이켜보면 그때의 나는 목표를 위해 주변을 돌아보지 않는 경주마 같았다. 목표만 달성하면 모든 것이 괜찮을 거라 믿었다. 센터장에서 물러나 평범한 진료과장으로 돌아오자 비로소 보이지 않던 것들이 보이기 시작했다. 그동안 제대로 쓰지 못했던 연차를 쓰며 가족과 시간을 보내고 환자들에게 더 집중할 수 있었으며 나를 돕는 병원 직원들에게 더 따뜻하게 대할 수 있었다. 아내가 내 생일에 맞춰 전 의료진에게 우리 남편 이쁘게 봐달라며 샐러드 박스를 돌렸을 때, 나는 나보다 사회생활을 더 잘 이해하는 아내 덕에 힘든 시기를 버티고 있음을 깨달았다.

하지만 병원의 변덕은 끝이 아니었다. 센터장에서 내려온 지 1년도 되지 않아 병원은 다시 나에게 센터장을 맡으라는 지시를 내렸다. 나는 그러고 싶지 않았다. 이미 그 직위가 나에게 어떤 상처를 주었는지 경험했기 때문이다. 나는 병원장에게 되물었다.

"센터장을 그만두라고 할 때의 원칙과 지금의 원칙이 다른 겁니까?"

그는 대답이 없었고, 주변에서는 그저 오더에 따르라고 종용했다.

2021년 1월, 다시 센터장으로 임명되는 그날 나는 퇴사를 결심했다.

상처 읽기

조직의 평가와 나의 가치가 충돌할 때

나의 성공과 좌절은 개인이 조직이라는 거대한 시스템 안에서 자신의 가치를 증명하고 시스템의 논리에 의해 어떻게 배신당할 수 있는지를 보여주는 전형적인 사례였다. 나의 초반 성공은 성과주의라는 조직의 공식적인 규칙 안에서 이루어졌다. 누구보다 열심히 일하고 최고의 실적을 내며 그에 따른 인정을 받았다. 나는 이 공식이 영원할 거라고 믿었다.

하지만 나의 성공에 '병원장과의 특수 관계'라는 비공식적인 변수가 더해지자 조직 내의 평가는 더 이상 나의 실력만을 논하지 않았다. 나를 향한 평가는 시기와 편견이라는 새로운 필터를 통해 왜곡되기 시작했다. 또한 리더십의 교체는 조직이 추구하는 가치관의 변화를 의미했다. 새로운 병원장은 나의 성과보다 안정과 순응을 더 중요한 가치로 여겼고, 그 기준 앞에서 나의 모든 장점은 단점이 되어버렸다.

내가 센터장에서 해임된 사건은 나의 능력이 부족해서가 아니라 나의 가치관이 조직이 원하는 가치관과 달랐기 때문에 벌어진 일이었다. 나의 환자 중심적 사고는 조직 중심적 사고와 충돌했다. 조직의 평가는 절대적인 진리가 아니다. 그 시점의 리더십과 조직 문화가 만들어내는 상대적인 결과물일 뿐이다.

센터장에서 물러난 후 오히려 삶의 만족도가 높아

졌던 경험은 사회적 성공(직위, 명예)과 개인적 행복이 반드시 일치하지 않는다는 사실을 깨닫게 해주었다. 나는 센터장이라는 타이틀을 잃는 대신 가족과의 시간, 동료와의 관계, 환자와의 교감이라는 더 본질적인 가치를 되찾았다. 그리고 마지막에 다시 센터장 직위를 제안받았을 때, 나는 그 두 가지 가치 사이에서 명확한 선택을 내릴 수 있었다. 조직이 나에게 요구하는 성공의 길을 다시 걷는 대신 내가 되찾은 나의 가치를 지키는 길을 선택한 것이다. 그것이 바로 퇴사라는 결심이었다.

마음 처방

외부의 평가에 흔들릴 때 나를 다시 세우는 방법

우리는 조직 안에서 수많은 평가와 마주하며 살아간다. 때로는 우리의 노력이 정당하게 인정받기도 하지만, 억울한 오해나 불공평한 평가에 깊은 상처를 남기기도 한다. 조직의 평가에 나의 존재 가치가 송두리째 흔들린다고 느껴질 때, 우리는 어떻게 스스로를 지키고 다시 일어설 수 있을까.

1단계
평가와 가치 분리하기

조직의 평가는 조직의 필요에 따라 만들어진 '조직의 자'로 나를 재는 것이다. 그 자의 눈금이 나의 모든 것을 말해주지는 않는다. '센터장으로서 부족하다'는 평가는 '나는 인간으로서 부족하다'는 의미가 아니다. 조직의 평가를 나의 절대적인 가치와 분리하는 연습이 필요하다. '이 조직, 이 리더의 기준에서는 내가 맞지 않을 뿐, 나의 전문성이나 인간적인 가치가 사라진 것은 아니다'라고 되뇌는 것이다. 외부의 평가라는 날씨 때문에 나의 가치라는 나무가 흔들리는 것을 막아야 한다.

내가 센터장에서 해임되었을 때, 나는 세상을 잃

은 것 같았다. '센터장으로서 자격이 없는 사람'이라는 조직의 평가가 곧 나의 존재 가치라고 믿었기 때문이다. 하지만 진료실에서 만난 한 환자는 나에게 다른 관점을 가르쳐주었다. 그는 평생을 바친 회사에서 구조조정으로 해고된 뒤 깊은 우울감에 빠져 있었다. 그는 나에게 이제 자신이 쓸모없는 사람이 되어버렸다고 말했다. 나는 그에게 물었다.

"회사가 선생님의 쓸모를 결정합니까, 아니면 선생님 스스로 결정합니까?"

그는 그 질문에 한참을 생각하더니, 퇴직금으로 작은 목공소를 차려 평생의 꿈이었던 가구를 만들기 시작했다. 그는 '유능한 부장님'이라는 직함은 잃었지만, '행복한 목수'라는 새로운 가치를 스스로 부여했다.

2단계
잃어버린 것과 얻은 것 정리하기

좌천이나 해임과 같은 충격적인 사건을 겪으면 우리는 '잃어버린 것'(직위, 명예, 자존심)에만 매몰되기 쉽다. 이럴 때 그 사건을 통해 얻은 게 무엇인지 의식적으로 목록화할 필요가 있다. 나의 경우처럼 '가족과 보낼 수 있게 된 시간', '동료들과의 회복된 관계', '스트레스 감소' 등을 적어보는 것이다. 이 과정은 사건을 일방적인 손실이 아닌 새로운 기회와 균형을 가져다준 복합적인 경험으로 인식하게 돕는다. 더불어 부정적인 감정에 압도되지 않고 상황을 더 객관적으로 바라볼 힘을 준다.

센터장에서 물러난 직후, 나의 머릿속은 온통 내가 잃어버린 것들에 대한 생각으로 가득했다. 하지만 아내의 조언에 따라 노트를 펴고 내가 얻은 것들을 적어보기 시작했다. 주말에 아이들과 온전히 놀아줄 수 있는 시간, 눈치 보지 않고 연차를 쓸 수 있는 자유, 행정 업무 대신 환자에게만 집중할 수 있는 환경, 동료들과 편하게 커피 마시며 농담할 수 있는 관계……. 적다 보니 놀랍게도 잃어버린 것보다 얻은 것이 훨씬 더 많았다. 나는 센터장이라는 빛나는 갑옷을 잃은 대신 아빠, 남편, 동료 그리고 의사로서의 진짜 내 모습을 되찾고 있었다.

3단계

나의 '레드 라인' 설정하기

모든 조직에는 그 나름의 원칙과 문화가 있고 우리는 어느 정도 그것에 맞춰야 할 필요가 있다. 하지만 결코 타협할 수 없는 나만의 '레드 라인', 즉 핵심 가치를 설정해야 한다. 나의 경우, 한번 겪었던 부당함과 가치관의 충돌을 다시 겪게 하는 조직의 요구는 나의 레드 라인을 넘는 것이었다. 조직이 나의 핵심 가치를 지속적으로 침해하고 나 자신을 배신하도록 요구할 때, 그때가 바로 떠나야 할 때라는 신호다. 떠나는 것은 실패나 포기가 아니다. 나의 가치를 지키기 위한 적극적이고 용기 있는 선택이다.

나에게 다시 센터장 직위를 제안했을 때, 나는 선택의 기로에 놓였다. 그 제안을 받아들이는 것은 표면적으로는 명예를 회복하는 것처럼 보일 수 있었다. 하지만 내 마음속 레드 라인이 경고음을 울렸다.

'원칙도, 일관성도 없이 필요에 따라 사람을 쓰고 버리는 이 조직의 가치관을, 나는 과연 다시 받아들일

수 있는가?'

그 질문 앞에서 나는 '아니오'라고 답했다. 나의 퇴사 결심은 감정적인 결정이 아니었다. 그것은 나의 가치를 지키기 위한 이성적인 선택이었다. 진료실에서 만나는 번아웃 환자들은 떠날 때를 놓친 사람들이다. 그들은 '조금만 더 버티면 괜찮아지겠지' 하며 자신의 레드 라인을 무시하다가 결국 자기 자신을 완전히 잃어버린 뒤에야 병원을 찾아온다.

작은 회복

나의 가치는 누가 평가하는가

돌이켜보면 센터장에서 해임되었던 그날 밤의 눈물은 나의 모든 노력이 조직의 변덕스러운 평가에 부정당했다는 억울함과 슬픔의 표현이었다. 내가 쌓아 올린 실력과 성과라는 성이 나를 영원히 지켜줄 것이라 믿었지만, 그 성은 조직이라는 더 큰 힘 앞에 너무나 쉽게 무너져 내렸다. 하지만 바로 그 무너짐의 경험을 통해 나는 깨달았다. 나의 진정한 가치는 조직이 부여하는 직함이나 평가에 있는 것이 아니라는 것을.

 이것은 비단 나만의 이야기가 아닐 것이다. 한 회사에 청춘을 바쳐 헌신한 베테랑 직원이 있다고 생각해 보자. 그는 회사의 역사 그 자체이자 수많은 후배를 길러낸 사수고 누구도 해결하지 못하는 문제를 해결하는 노하우를 가지고 있다. 하지만 새로 부임한 젊은 임원은 그의 경험을 '낡은 것'으로 치부하고 오직 새로운 성과 지표와 데이터만을 신봉한다. 그는 중요한 회의에서 배제되고 그의 의견은 무시당하며 조용히 책상을 빼는 날을 기다리는 존재가 된다. 회사는 그에게 더 이상 쓸모없다는 평가를 내렸지만 과연 그의 가치가 정말 사라진 것일까?

 평생 가족을 위해 궂은일을 마다하지 않던 어머니의 모습도 이와 같다. 자식들이 모두 성장하여 독립한 뒤 텅 빈 집에 홀로 남은 그녀는 문득 깨닫는다. 가족이라는 세상 속에서 엄마라는 이름으로 불리기 위해 포기했던 수많은 꿈과 시간을. 가족 누구도 그녀의 희생을 성과로 평가해주지 않고 당연하게 여길 때, 그녀는 깊은 공허함과 함께 '나의 삶은 어디에 있는가'라는 근본적인 질문과 마주하게 된다.

우리는 이처럼 타인의 인정과 사회적 성공이라는 외부의 거울을 통해 자신의 가치를 확인하려는 경향이 있다. 그 거울이 나를 멋지게 비춰줄 때는 자신감이 넘치지만, 그 거울이 나를 초라하게 비추거나 등을 돌리는 순간 우리는 쉽게 무너지고 만다. 하지만 정말 단단한 사람은 외부의 거울에 의존하는 대신 내면의 거울을 가진 사람이다. 세상이 나를 어떻게 평가하든 나의 노력을 알고 나의 신념을 지키며 나의 가치를 스스로 인정해줄 수 있는 사람 말이다.

혹시 지금 세상의 차가운 평가 앞에서 홀로 눈물 흘리고 있는가? 당신의 노력이 아무런 의미가 없는 것처럼 느껴져 모든 것을 포기하고 싶은가? 그렇다면 기억해주길 바란다. 조직이 당신에게서 빼앗을 수 있는 것은 고작 직함이나 월급뿐이다. 당신이 그 시간 속에서 쌓아온 경험과 실력, 당신이 지켜온 신념과 가치 그리고 시련을 버텨낸 당신 자신은 결코 빼앗을 수 없다. 그 모든 것은 온전히 당신의 것이며, 당신 내면의 거울 속에서 가장 밝게 빛나고 있다. 당신의 가치는 남이 매기는 점수에 있는 것이 아니라 스스로의 길을 걸어가겠다는 당신의 마음에 있다. 때로는 그 길의 끝이 조직을 떠나는 것일지라도, 그것은 실패가 아니라 용기 있는 자기 선언일 것이다.

실패는 끝이 아니라
정서적 재조정의 시작이다

 퇴사를 결심하는 순간에도 아내는 나의 가장 든든한 지지자였다. 안정적인 직장을 그만두고 불확실한 광야로 나가겠다는 남편의 말에 그녀는 일말의 망설임도 없이 나를 믿고 응원해주었다.

 2021년 봄, 나는 앞으로의 길을 개척하기 위해 병원 개원 컨설팅 업체를 찾아 나섰다. 그리고 내가 일했던 병원의 전략 기획실 출신들이 세운 회사와 손을 잡았다. 돌이켜보면 그 선택이 나의 인생 제2막을 여는 첫 실패의 단추였다. 개원에 있어 우물 안 개구리 신세였으니 새로운 세계를 조금이라도 맛보았어야 했는데, 아무런 의심 없이 나의 미래 전체를 남들에게 맡겨버린 것이다.

다니던 병원에 퇴사 소문이 나기를 원치 않았지만 소문은 삽시간에 퍼져나갔다. 나는 순진했다. 오랜 시간 나를 알아온 사람들이 나를 곤경에 처하게 할 리 없다고 믿었다. 원칙도 신의도 없는 그들과 그때라도 절연했어야 했지만 그땐 어리석게도 그들을 끝까지 믿었다.

새로운 매출처가 필요했던 그들은 나에게 온갖 장밋빛 미래만을 제시했다. 페이 닥터 시절의 최상위권 실적과 아내의 유명세만 있으면 모든 것이 해결될 것이라는 착각에 나는 리스크를 보지 못했다. 기존 병원의 후광이라는 껍데기를 벗고 맨몸으로 부딪혀야 한다는 사실을, 퇴사 직후 곧바로 일을 시작해야 한다는 강박관념이 외면하게 만들었다.

병원의 위치 선정부터 문제였다. 나는 집과 가까우면 된다는 원칙만을 고집했고, 퇴사 후 반경 5킬로미터 이내 개원 금지 조항이 모든 분원에 해당된다는 사실도 뒤늦게 알았다. 조급함 속에서 나는 컨설팅 업체가 제시한, 십수 년간 서울에 살면서 처음 들어보는 '상수역'이라는 위치를 덜컥 선택했다. 그들은 내 옆에서 속삭였다.

"위치가 뭐가 중요해요. 한창, 장영란인데. 자리 빨리 오픈하면 오래 못 가요."

그곳은 악성 매물이었다. 병원급 시설에 필요한 장애인 시설 확충부터 모든 정비를 내 돈으로 해야 했다. 공사 중간에 갑자기 에스컬레이터 사용이 불가하게 되어 인테리어를 전면 수정하기도 했다. 건물 외관을 해치지 말라는 임대인의 요구에 울며 겨자 먹기로 설치한 환풍 시설은 다른 건물의 컴플레인으로 또 내 돈을 들여 재설치해야 했다. 공사 초기부터 약속했던 누수 공사는 차일피일 미뤄져 병원 오픈 후까지 이어졌다. 심지어 그 건물을 소개해준 부동산은 복비조차 받지 않았다. 하자가 많다는 것을 그들도 알고 있던 것이다. 그때 엎었어야 했다. 하지만 내가 문제를 제기할 때마다 임대인은 '장영란 씨에게 손해가 갈 텐데, 소송하려면 하세요'라는 비겁한 협박으로 맞섰다.

사람에 대한 믿음도 나를 배신했다. 나는 신생 병원의 핵심은 의료진이라 굳게 믿고 과거 동료들을 시장가의 두 배가 넘는 월급을 주고 초빙했다. 넉넉한 대우를 해주면 내가 경영에 집중하는 동안 나의 빈자리를 채워줄 것이라 믿었다. 하지만 그들은 기대에 미치지 못했고 월급을 조정하려 하자 "난 이 돈 받고 일 못하지"라는 뻔뻔한 모습으로 나를 떠나갔다.

나는 아내의 의견을 존중해 아내에게 경영이사 직함을 주며 공동 운영을 시작했지만, 두 명의 경영자는 배를 산으로 가게 했다. 직원들은 아내와 나 사이를 오가며 갈라치기를 했고, 병원의 경영 방향성은 흔들렸다. '병원이 망해도 장영란이 메꿔줄 것'이라는 끔찍한 소문이 직원들 사이에 돌기 시작했다.

더구나 아내의 인지도는 불필요한 민원과 공격의 표적이 되었다. 심지어 한 입원 환자는 보험금 지급이 늦어진다는 이유로 아내 앞에서 방송 활동 못 하게 만들겠다며 난동을 부렸다. 온갖 스트레스가 중첩되면서 아내와의 다툼은 잦아졌고, 집 안에는 아이들의 불안한 눈빛이 감돌았다. 운전을 하면서도, 혼자 있으면서도, 불쑥불쑥 눈물이 터져 나왔다. 우울증 환자처럼 혼자 울고 양극성장애 환자처럼 중얼거렸다.

나는 서서히 깨닫고 있었다. 내 몸에 맞지 않는 옷을 입고 있으면서 언젠가는 맞을 거라고 헛된 기대를 하고 있었다는 것을.

나는 결심했다. 병원이 아니라 가족을 살려야 한다고. 나에게 맞지 않는 옷은 미련 없이 벗어 던져야 한다고.

그리고 2025년 봄, 병원 양도양수 계약서에 도장을 찍으며 나의 길고 길었던 실패 여정은 마침내 끝이 났다.

상처 읽기

실패의 해부, 모든 것을 잃고 얻은 것

나의 첫 번째 개원은 수많은 실패의 조각들이 모여

만들어진 거대한 실패의 모자이크였다. 그 안에는 사람에 대한 섣부른 믿음, 성공에 대한 근거 없는 과신, 조급함이 낳은 착오 그리고 문제를 회피하고 싶었던 나의 나약함까지 실패를 구성하는 거의 모든 요소가 담겨 있었다.

이 경험은 실패가 결코 단 하나의 원인으로 발생하지 않는다는 것을 가르쳐주었다. 마치 도미노처럼 컨설팅 업체를 잘못 선택한 첫 번째 블록이 넘어지자 입지 선정, 임대 계약, 인테리어, 직원 채용, 공동 경영이라는 블록들이 연쇄적으로 무너져 내렸다. 나는 중간중간 넘어지는 블록들을 보았지만 '이것 하나쯤은 괜찮겠지'라는 안일함과 '이미 너무 멀리 와버렸다'는 매몰 비용의 오류에 빠져 멈추지 못했다. 결국 마지막 블록까지 모두 쓰러지고 나서야 나는 비로소 내가 완전히 실패했음을 인정했다.

특히 성공에 대한 나의 왜곡된 관념이 실패를 더욱 가속화했다. 나는 '유명한 의사'와 '유명한 아내'라는 두 개의 강력한 성공 요인이 다른 약점을 상쇄할 것이라고 믿었다. 하지만 현실에서 성공은 덧셈이 아니라

곱셈과 같았다. 입지, 계약, 경영 시스템, 직원 관리와 같은 수많은 요소 중 단 하나라도 0이 되는 순간, 나의 모든 장점은 힘을 잃고 전체 결과는 0으로 수렴해버렸다.

가장 고통스러웠던 것은 이 실패가 단순히 사업 실패를 넘어, 나의 정체성과 관계 그리고 정신 건강까지 파괴했다는 점이다. 내가 입고 싶었던 '성공한 병원장'이라는 옷은 결국 '무능한 경영자', '예민한 남편', '불안한 아빠'라는 초라한 민낯만을 남겼다. 하지만 역설적으로 이 모든 것을 잃고 밑바닥까지 내려가서야 나는 나에게 정말 소중한 것이 무엇인지를 깨닫게 되었다. 그것은 병원의 성공이나 사회적 명성이 아니었다. 아내의 위로와 아이들의 웃음, 즉 가족이었다.

마음 처방

모든 것이 무너졌을 때 다시 나를 일으키는 방법

인생을 살다 보면 누구나 거대한 실패와 마주하게 된다. 사업의 실패, 관계의 파탄, 혹은 건강의 상실. 모든 것이 무너져 내린 잿더미 위에서 우리는 어떻게 다시 일어서야 할까. 중요한 것은 실패를 이전의 삶으로 돌아가기 위한 과정으로 삼는 것이 아니라 완전히 새로운 삶을 시작하는 기회로 만드는 것이다.

1단계
실패를 사건으로 객관화하기

거대한 실패를 경험하면 스스로를 '실패자'라는 정체성으로 인식하기 십상이다. 이런 인식에서 벗어나는 첫 번째 단계는 실패를 나의 정체성이 아닌 내가 겪은 하나의 사건으로 분리하는 것이다. 감정을 배제

하고 내가 겪었던 실패의 과정을 처음부터 끝까지 사실에 기반하여 객관적으로 파헤치는 '실패 부검 보고서'를 작성하는 것이다. '어떤 잘못된 가정을 했는가', '어떤 신호를 무시했는가', '어떤 결정이 최악의 결과를 낳았는가'를 살펴보다 보면 실패를 개인적인 비극이 아닌, 배울 점이 있는 하나의 데이터로 바라볼 수 있다. 이는 자기 비난에서 벗어나, 실패로부터 배우는 첫걸음이다.

주식 투자로 전 재산의 절반을 잃고 찾아온 한 환자가 있었다. 그는 매일 밤 자신이 얼마나 멍청했는지를 되뇌며 스스로를 학대하고 있었다. 나는 그에게 '투자 분석 보고서'를 써보라고 권했다. 당시의 시장 상황, 자신이 매수와 매도를 결정했던 이유, 예상치 못했던 변수들을 마치 다른 사람의 일을 분석하듯 적어보게 했다. 보고서를 완성한 그는 "다시 보니 그때의 나는 정보가 부족했고 너무 조급했었네요"라고 말했다. 실패를 객관적인 사건으로 바라보게 되자 '실패한 나'를 용서하고, 그 경험으로부터 배울 준비를 할 수 있었다.

2단계

아주 작은 성공의 경험 쌓아가기

모든 것을 잃었다고 느낄 때, 우리는 세상 모든 것이 내 통제 밖에 있다는 무력감에 빠진다. 이때 필요한 것은 다시 한번 내가 통제할 수 있는 것에 집중하는 것이다. 거창한 재기 계획이 아니라, 아주 사소하고 작은 성공의 경험을 의식적으로 쌓아나가는 것이다. 아침에 일어나 이부자리 정리하기, 하루 삼십 분 산책하기, 가족과 눈 맞추고 대화하기……. 이처럼 나의 의지로 완수할 수 있는 작은 행동들은 무너진 자존감의 토대 위에 '나는 여전히 내 삶의 무언가를 통제할 수 있는 사람'이라는 작은 벽돌을 한 장씩 다시 쌓아 올리는 것과 같다.

병원을 넘기기로 결심했을 때, 나는 내 인생의 모든 것을 통제할 수 없다고 느꼈다. 거대한 빚, 떠나간 직원들, 무너진 평판까지. 하지만 바로 그날 저녁, 나는 아이들과 함께 저녁을 먹고 아내와 함께 설거지를 했다. 그리고 잠들기 전 아이들에게 동화책 한 권을 끝까지 읽어주었다. 그것은 너무나 사소한 일이었지만 그 순간만큼은 온전히 내가 통제할 수 있는 평화로운 시간이었다. 거대한 실패의 폭풍 속에서, 나는 좋은 아빠와 좋은 남편이라는 역할을 성공적으로 해내고 있었다. 그 작은 성공의 감각이, 완전히 무너지려던 나를 붙잡아준 첫 번째 동아줄이었다.

3단계
진짜 성공의 의미 재정의하기

거대한 실패는 종종 우리가 잘못된 성공의 정의를 좇고 있었다는 강력한 증거가 된다. 내가 '성공한 병원장'이라는 맞지 않는 옷을 벗어 던지기로 결심했던 것처럼 실패는 우리에게 진짜 성공이 무엇이냐는 근본적인 질문을 던진다. 돈, 명예, 사회적 지위와 같은 외부의 기준이 아닌 내면의 평화, 건강한 관계, 삶의 의미와 같은 나만의 기준으로 성공을 재정의하는 과정이 필요하다. 이 질문에 대한 답을 찾는 과정이야말로 실패를 딛고 이전보다 지혜로운 삶을 시작하게 하는 진정한 재기의 시작이다.

많은 사람이 실패 후 '포스트 트라우마 성장Post-Traumatic Growth'을 경험한다. 거대한 시련이 오히려 그 사람을 이전보다 더 높은 차원으로 성장시키는 현상이다. 나에게 병원의 실패는 바로 그런 경험이었다. 과거의 목표는 나에게 불안과 불화를 안겨주었을 뿐이다. 병원을 잃고 나서야 나는 '진짜 성공'이 무엇인지 깨달았다. 그것은 바로 가족의 평화였다. 실패는 나에게서 많은 것을 앗아간 동시에 나를 오랫동안 짓누르던 성공의 정의로부터 나를 해방시켰다. 그리고 내가 진심으로 원하는, 나에게 꼭 맞는 성공의 의미를 찾아 나설 수 있는 자유를 주었다.

작은 회복

상실했을 때 비로소 보이는 것들

돌이켜보면, 병원을 닫기까지의 시간은 내 인생에서 가장 혹독한 실패의 기록이었다. 나는 그 안에서 돈과 사람, 명예와 자존심까지 내가 가졌다고 믿었던 거의 모든 것을 잃었다. 모든 것이 사라진 폐허 위에서 나는 이전에는 결코 보지 못했던 한 가지를 발견했다. 바로 나에게 정말로 소중한 것이 무엇인지에 대한 깨달음이었다.

이것은 비단 사업 실패만의 이야기가 아닐 것이다. 평생을 바친 회사에서 하루아침에 해고 통보를 받은 중년 가장을 생각해보자. 그의 이름 앞에 붙었던 직함, 그가 수십 년간 쌓아 올린 경력, 그를 설명해주던 모든 것이 한순간에 사라진다. 그는 자신의 정체성이었던 모든 것을 잃은 것 같은 깊은 상실감에 빠진다. 하지만 바로 그 상실의 시간 속에서 그는 처음으로 가족과 아침을 함께 먹는 시간의 소중함을 깨닫고 아내와 어깨를 나란히 하고 동네를 산책하는 여유를 배우며 잊고 살았던 오랜 꿈을 다시 꺼내 들 용기를 얻을지도 모른다.

뜨겁게 사랑했던 연인과 가슴 아픈 이별을 겪은 청춘도 마찬가지다. 그는 자신의 전부였던 관계를 잃었다. 함께 걷던 거리, 같이 듣던 노래, 미래의 약속들. 그 모든 것이 이제는 고통스러운 흉터로 남았다. 그는 사랑에 실패했다고, 자신의 일부가 영원히 떨어져 나갔다고 느낀다. 하지만 그 고통의 시간을 온몸으로 통과하며 그는 비로소 자기 자신을 온전히 사랑하는 법을 배우고 타인에게 의존하지 않고 스스로 서는 법을 익히며 더 성숙한 관계를 맺을 수 있는 단단한 사람으로 성장하게 될 것이다.

우리는 종종 무언가를 더하고 채우는 것만이 성장이라고 믿는다. 하지만 때로는 상실의 경험이야말로 우리를 진정으로 성장시킨다. 맞지 않는 옷을 벗어 던졌을 때 느끼는 해방감처럼 실패는 우리를 억압하던 사회적 기대와 잘못된 욕망으로부터 자유롭게 한다.

더 이상 잃을 것이 없다는 사실은 무엇이든 새로 시작할 수 있다는 용기를 주기 때문이다.

혹시 지금 당신의 삶이 송두리째 무너져 내리는 거대한 실패의 한복판을 지나고 있는가? 모든 것이 끝났다고, 다시는 일어설 수 없을 것이라고 느끼는가? 그렇다면 기억해주길 바란다, 당신이 잃어버린 것들은 어쩌면 처음부터 당신의 것이 아니었을지도 모른다는 것을. 당신의 진짜 가치를 가리고 있던 낡은 껍데기였을지도 모른다는 것을. 그리고 그 모든 것이 사라진 바로 그 자리가 진짜 당신의 삶이 시작될 새로운 출발선이라는 것을. 실패는 끝이 아니다. 그것은 내게 맞지 않는 옷을 벗고, 가장 나다운 모습으로 다시 태어날 수 있는 고통스럽고도 자비로운 기회일지 모른다.

마치며
당신의 실패도 괜찮습니다

 이 책을 쓰기 위해 나의 과거를 다시 마주하는 일은 아물었던 상처의 딱지를 억지로 떼어내는 것과 같은 과정이었다. 나의 어리석음과 나약함, 이기심과 무모함이 남긴 실패의 기록을 낱낱이 글로 옮기는 것은 어쩌면 또 다른 부끄러움을 감내해야 하는 일이라는 것을 알고 있다. 하지만 그 모든 실패의 순간은 아이러니하게도 지금의 나를 만들어준 가장 소중한 재료였다.

 나는 이 책에 담긴 실패들을 통과하며 비로소 나를 이해하게 되었다. 비교의 감옥에 갇혀 있던 청소년기를 벗어나며 '나만의 속도'를 배웠고, 통제된 환경 속에서 무너지던 청년기에는 '나를 지키는 법'을 배웠다. 세상의 반대와 맞서 싸우며 '나의 선택'을 믿는 법을 배웠고, 불공평한 조직의 논리 속에서 '나만의 가치'를 세우는 법을 배웠다. 그리고 모든 것을 잃었던 마지막 실패를 통해 나는 '내게 소중한 것'이 무엇인지를 깨달았다. 실패는 나에게서 많은 것을 앗아갔지만, 결국 나를 더 단단하고 지혜로운 사람으로 만들어 주었다.

예전엔 늘 잘해야 한다는 생각이 앞섰다. 이제는 조금 다르게 말할 수 있다. 중요한 것은 '잘 사는 것'보다 '잘 느끼는 것'에 더 가깝다는 것을. 나의 기쁨과 슬픔, 성공과 실패, 강함과 약함을 온전히 느끼고 받아들일 때 우리는 비로소 타인의 삶 또한 깊이 이해할 수 있는 사람이 된다. 나의 실패 경험이 누군가에게 위로가 될 수 있는 이유도 바로 그 때문일 것이다.

이 책을 덮는 당신이 혹시 지금 무너지기 직전의 자리에 있다면 나는 조용히 이렇게 말하고 싶다. 당신은 잘 견디고 있다고. 지금의 고통스러운 시간은 당신을 파괴하는 것이 아니라 당신 안의 불필요한 것들을 태워 없애고 가장 순수한 당신을 남기는 과정일지도 모른다고. 그러니 부디, 당신의 실패를 미워하지 말아달라. 그 실패의 흔적이야말로 당신이 얼마나 치열하게 삶을 살아냈는지를 보여주는 가장 아름다운 훈장이다.

마지막으로 나를 실패라는 어두운 틀에서 꺼내주고, 있는 그대로의 나를 따뜻하게 안아준 나의 가족에게 진심으로 고마움을 전한다. 늘 곁에서 "괜찮아, 당신은 최고의 아빠이자 남편이야"라고 말해준 현명한 아내이자 나의 영원한 동반자 장영란. 그녀가 없었다면 나는 아마 수많은 실패 속에서 진작 길을 잃었을 것이다.

그리고 언제나 "아빠랑 함께하는 지금이 제일 행복해"라고 말해주는 나의 아이들, 지우와 준우. 너희가 있어서 나는 다시 살아갈 이유를 배운다. 이제 나는 성공한 의사보다는 그저 사랑이 많은 아빠로 기억되고 싶다는 마음이 더 크다.

이 책이 누군가의 마음을 조금이라도 어루만질 수 있다면 그것만으로도 나의 모든 실패는 충분히 의미가 있다. 고맙다. 그리고 다시 한번 말하고 싶다. 당신의 실패도, 정말 괜찮다.

그래도 여전히 다시 일어서기

초판 1쇄 발행 2025년 11월 21일

지은이 한창
펴낸이 이수철
주 간 하지순
편 집 최웅기
기 획 전강산
디자인 박예진
영업관리 최후신
콘텐츠개발 전강산, 최진영, 하영주
영상콘텐츠기획 김남규
제 작 서동관
관 리 진호, 황정빈, 전수연

펴낸곳 (주)픽셀앤플로우
출판등록 제2025-000171호
주소 (10449) 경기도 고양시 일산동구 호수로 358-39 동문타워1차 703호
전화 02) 790-6630 팩스 02) 718-5752
전자우편 namubench9@naver.com
인스타그램 @namu_bench

ⓒ 한창, 2025

ISBN 979-11-993934-6-2 03810

* 나무옆의자는 (주)픽셀앤플로우의 문학 브랜드입니다.
* 이 책의 전부 또는 일부 내용을 재사용하려면
  사전에 저작권자와 출판사 양측의 동의를 받아야 합니다.
* 잘못 만들어진 책은 구입하신 곳에서 바꾸어드립니다.